嘉应学院中国语言文学重点建设学科经费、嘉应学院客家研究院基地研究经费资助出版

国家社科基金重大项目"汉语词源学理论建设与应用研究"（17ZDA298）阶段性成果

清代《释名》注疏研究

魏宇文 著

暨南大学出版社
JINAN UNIVERSITY PRESS

中国·广州

图书在版编目（CIP）数据

清代《释名》注疏研究/魏宇文著. —广州：暨南大学出版社，2023.1
ISBN 978 - 7 - 5668 - 3354 - 9

Ⅰ. ①清…　Ⅱ. ①魏…　Ⅲ. ①训诂②《释名》—研究　Ⅳ. ①H131.3

中国版本图书馆 CIP 数据核字（2021）第 271463 号

清代《释名》注疏研究
QINGDAI《SHIMING》ZHUSHU YANJIU
著　　者：魏宇文
···

出 版 人：张晋升
策划编辑：杜小陆
责任编辑：亢东昌
责任校对：刘舜怡
责任印制：周一丹　郑玉婷

出版发行：暨南大学出版社（511443）
电　　话：总编室（8620）37332601
　　　　　营销部（8620）37332680　37332681　37332682　37332683
传　　真：（8620）37332660（办公室）　37332684（营销部）
网　　址：http：//www.jnupress.com
排　　版：广州良弓广告有限公司
印　　刷：佛山市浩文彩色印刷有限公司
开　　本：787mm×960mm　1/16
印　　张：11.5
字　　数：200 千
版　　次：2023 年 1 月第 1 版
印　　次：2023 年 1 月第 1 次
定　　价：49.80 元

（暨大版图书如有印装质量问题，请与出版社总编室联系调换）

序

嘉应学院魏宇文教授曾跟随暨南大学王彦坤先生攻读博士学位，于2006年撰成博士论文《〈释名〉名源研究》，文采斐然，获得好评。之后又经过十年寒暑，修改增补，更名为《刘熙〈释名〉语源与文化探析》，于2016年由中国社会科学出版社出版。该书由著名语言学家王宁先生作序，评价甚高，由此亦可见作者在《释名》研究方面的学识水平及其所付出的艰辛努力。

2017年，我申报国家社科基金重大项目"汉语词源学理论建设与应用研究"时，考虑到《释名》是中国语言学史上第一部系统的词源学著作，而魏宇文教授是《释名》研究方面的专家，遂邀请其加入课题组，得到了爽快的答应。项目获批之后，我们商定由其进行清代词源学史中有关《释名》研究材料的整理与研究。经过两年的爬梳整理，魏宇文教授拿出了材料，我们发现清代学者关于《释名》的研究在词源阐释方面并不多，而在文字校勘上却颇可观，能够反映出清代《释名》研究的成绩与特点。

对清代学者关于《释名》的注疏材料进行系统的研究，对于词源学史、语言学史的研究都是极有益处的。魏宇文教授对清代《释名》注疏材料进行了深入研究，有很多新的发现，总体来说，本书有以下两个明显的特点：

一是文献学特点。清代学者关于《释名》的研究成果较多，如毕沅《释名疏证》、顾广圻《释名略例》、成蓉镜《释名补证》、王先谦《释名疏证补》、吴翊寅《释名校议》、孙诒让《札迻》等，成绩尤其显著。本书立足于清代《释名》研究的特点，从第一手材料出发，选取毕沅、王先谦、苏舆、王先慎、孙诒让、许克勤和胡玉缙等人的相关论述，对其中的文献校勘材料进行了穷尽性梳理，每章后面均有"附录"，这是从每一部有关《释名》的著作中爬梳整理出来的语料，其文献学价值不容置疑。

二是语言学特点。作者研究发现，清人研究《释名》的重点主要在文字校勘上，并取得了一定的成绩，为此后的《释名》研究工作奠定了很好的材料基础。该书对反映清代《释名》研究特点的语料进行了穷尽性梳理，还原了清代《释名》研究的基本概貌、研究成绩及其不足，为后世词源学研究提供了丰富的资料，对语言学界如何公允评判汉代"声训"以及作为"声训"代表的《释名》也有重要的参考作用。

古代文献材料的爬梳整理与研究是一项十分艰辛的工作，魏宇文教授沉潜典籍，孜孜不怠，在前人所未尝注意的清代《释名》注疏材料的整理与研究上多所创获。今此书即将付梓，索序于余，心有嘤鸣之喜，乃作附骥之文。是为序。

曾昭聪

2020 年 12 月 11 日于暨南大学

前　言

东汉末年刘熙撰写的《释名》，全书 27 500 多字，共八卷，包括《释天》《释地》《释山》《释水》《释丘》《释道》《释州国》《释形体》《释姿容》《释长幼》《释亲属》《释言语》《释饮食》《释采帛》《释首饰》《释衣服》《释宫室》《释床帐》《释书契》《释典艺》《释用器》《释乐器》《释兵》《释车》《释船》《释疾病》和《释丧制》二十七篇，全书以声训贯通，它与同时代的《尔雅》《说文解字》《方言》并驾齐驱，成为汉代四部训诂专著。

一、关于《释名》的作者

由于历史上没有留下刘熙的传记，故作者的生平事迹今天很难考证，只能凭借部分史料的零星记载来确定《释名》的作者。历史上对《释名》的作者曾有过两种不同的看法：一种认为是刘珍所作，或刘珍先撰过《释名》，后成书于刘熙；另一种则认为刘熙撰《释名》。

据《三国志·吴志·韦曜（昭）传》记载："昭在狱中上辞有云：'见刘熙所作《释名》，信多佳者。'"这是刘熙撰《释名》的最早记载。《隋书·经籍志》著录《释名》八卷，下注"刘熙撰"。宋陈振孙《直斋书录题解》在《释名》下题为"汉征士北海刘熙字成国撰"。《四库全书总目》著录《释名》八卷，下注"汉刘熙撰"。清钱大昕《潜研堂文集》卷二十七《跋释名》据《三国志·吴志》中的《程秉传》和《薛综传》等考订《释名》"为熙撰无疑"。另外，《释名序》本身已提供了重要的内证，"熙以为，自古造化，制器立象……"这些史料足以证明《释名》的作者为刘熙。当代学者周祖谟先生等都同意刘熙撰《释名》较合史实。为什么已有史料证实刘熙撰《释名》，还会有人认为刘珍作《释名》呢？这主要是由于南朝宋范晔的《后汉书·文苑传》有过这样的记载："刘珍，字秋孙，一名宝，撰《释名》三十篇，以辨万物之称号。"明人郑明选曾作《秕言》，对刘熙撰《释名》也提出过怀疑，后来，毕沅又在《释名疏证序》中说："疑此书兆于刘珍，踵成于熙，至韦曜又补官职之缺也。"现当代有部分学者亦认为可能是刘珍撰过《释名》，而由刘熙加以补充成书的。①

我们认为，《后汉书》确实有过刘珍作《释名》的记载，但各史经籍志都从未著录，唐宋类书亦未见征引，或亡佚，或同名异书，或后为刘熙补充而成今本《释名》，都由于史料不足，证据不充分，无法推断。而今本《释名》，各史籍叙录均有佐证，后代类书、字书大量征引，完全可以确定《释名》是刘熙所作。

二、关于刘熙所生活的时代

一种认为刘熙为汉末人士；另一种则认为刘熙为魏初人。《三国志·吴志·程秉传》称，秉"汝南南顿人也。逮事郑玄，后避乱交州，与刘熙考论大义，遂博通五经"。《薛综传》称，综"沛郡竹邑人也。少依族人避交州，从刘熙学"。《蜀志·许慈传》称，慈"师事刘熙，……建安中，与许靖等自交州入蜀"。《士燮传》："建安十五年，孙权遣步骘为交州刺史，骘到，燮率兄弟奉承节度。"《许靖传》称，靖"既至交阯，交阯太守士燮厚加敬待。……后刘璋遂使使招靖，靖未入蜀。璋以靖为巴郡、广汉太守。建安十六年，转在蜀郡"。这些史料都可以证明早在建安

---

① 王力：《中国语言学史》，山西人民出版社，1985年，第48页；周大璞：《训诂学初稿》，武汉大学出版社，1997年，第61页。

十五、十六年以前,刘熙已在交州了,程秉、薛综在士燮作交阯太守的时候至交州,且师于刘熙。另据《世说新语·言语篇》刘孝标注引晋伏滔论青楚人物说:"后汉时祢正平、刘成国,魏时管幼安、邴根矩,皆青土有才德者也。"清钱大昕《潜研堂文集》卷二十七《跋释名》据《三国志》考之,确定刘熙为"汉末名士"。当代学者周祖谟等人均同意钱大昕的观点。然而,南朝宋范晔《后汉书》不曾为刘熙立传,或疑其为魏初人。毕沅《释名疏证序》中说道:"以此而推,则熙为汉末或魏受禅以后之人无疑。"

我们认为,据《三国志》诸传的记载和钱氏的考证,刘熙为汉末名士的解释比较合理;又据《世说新语·言语篇》刘孝标注,伏滔不举郑玄,却举刘熙,可推刘熙的年辈晚于郑玄,故与魏时祢衡等三人相提并论。因为郑玄为后汉北海名儒,卒于汉献帝建安五年,由此可证,刘熙生活的时代应为汉末,而不是魏初。

三、关于《释名》的篇目

《四库全书总目》著录《释名》八卷:"汉刘熙撰,熙,字成国,北海人,其书二十篇,以同声相谐。……明选又称此书为二十七篇,与今本不合。明选,万历中人,不应别见古本。殆一时失记,误以二十篇为二十七篇。"可见,这里反映出两种看法,《释名》全书一为二十篇,一为二十七篇。《三国志·吴志·韦曜(昭)传》云:"然物类众多,难得详究,故时有得失,而爵位之事,又有非是,官职今之所急,不宜乖误,作《官职训》及《辨释名》各一卷。"据此,有人认为韦昭所见《释名》当有《释官职》一篇。① 另外,南朝宋范晔《后汉书·文苑传》有刘珍"撰《释名》三十篇,以辨万物之称号"的记载。前面已肯定《释名》

---

① 孙德宣:《刘熙和他的〈释名〉》,《中国语文》1956 年第 53 期。

为刘熙所作，那么，很明显这三十篇便不是指今本《释名》了。其实，刘熙《释名序》已明确写道："凡二十七篇，至于事类，未能究备。凡所不载，亦欲智者以类求之。"这自序足以证明《释名》原书为二十七篇。但也有人认为"这书未必是完整的，序文所载篇数，恐系后人据残本篇数照改"①。周祖谟先生的《〈释名〉校笺序》采纳《释名》二十七篇之说，我们亦同意此说。

四、关于刘熙撰写《释名》的目的

刘熙的《释名序》："熙以为，自古造化，制器立象，有物以来，迄于近代，或典礼所制，或出自民庶，名号雅俗，各方名殊。圣人于时，就而弗改，以成其器，著于既往。哲夫巧士，以为之名，故兴于其用，而不易其旧，所以崇易简，省事功也。夫名之于实，各有义类，百姓日称而不知其所以之意，故撰天地、阴阳、四时、邦国、都鄙、车服、丧纪，下及民庶应用之器，论叙指归，谓之《释名》，凡二十七篇，至于事类，未能究备。凡所不载，亦欲智者以类求之。博物君子，其于答难解惑，王父幼孙，朝夕侍问，以塞，可谓之士。聊可省诸。"刘熙在序里阐述得非常清楚，很明确地道出了其撰写《释名》的本意：①本书收录词语的方法：所列名称的说法雅俗并存，有经典文献留存的前代人所称，也有民间百姓流传和使用的名称，本书均收录下来；②本书的有些名称是沿用前人的说法：沿用前代人的用语未能更换，只是为了尊崇简易，省时省力，事半功倍而已；③本书撰写的目的：东汉百姓对日常所用名称知其然而不知其所以然，本书就是要通俗易懂解释日常用语的由来，让大众清晰明了。最后，刘熙还指出本书所列词语是无法囊括百姓生活中所有名词术语的，希望时贤和后来的有识之士继续完善，加以补充，方便众庶在日常生活中使用。

---

① 孙德宣：《刘熙和他的〈释名〉》，《中国语文》1956 年第 53 期。

五、《释名》研究的两个阶段

（一）流传和征引阶段

这个阶段是指《释名》成书以后至清代以前。《释名》自汉代成书以后，一直没有人作注，这从一方面说明《释名》并没有引起专家们的重视，没有受到多大的关注。但是它却被历代书目所著录，被历代类书、音义书、小学著作等争相征引，例如：自《隋书·经籍志》而下，历代公私书目多有著录。又，《北堂书钞》《艺文类聚》《一切经音义》《白孔六帖》《初学记》《太平御览》《渊鉴类函》《广韵》等都大量征引《释名》，为它们证音释义作佐证。据本人的统计，《广韵》即引用《释名》共139条。这从另一方面又说明，《释名》在成书后的影响之大、流传之广，是世人有目共睹的。然而，由于征引者用的版本不同，或者传抄勘刻的错漏，导致出现《释名》异文现象比较严重。

这个阶段主要反映了《释名》流传和被征引的实际情况，为后代对《释名》的校勘和整理提供了比较丰富的材料。

（二）校勘和注释阶段

这个阶段主要是指清代人对《释名》的整理和研究。《释名》成书以后直到清代才开始有人作注，毕沅、江声为研究《释名》的先驱，还有洪颐煊、顾广圻、吴志忠、皮锡瑞、苏舆、成蓉镜、叶德炯、王启原、王先谦、王先慎、郑珍和孙诒让等注疏家、校勘家均对《释名》作了不同程度的校注和疏证，且取得了一定的成绩。其中毕沅的《释名疏证》、顾广圻的《释名略例》、成蓉镜的《释名补证》、王先谦的《释名疏证补》、吴翊寅的《释名校议》、孙诒让的《札迻》等成绩尤为显著。王先谦的《释名疏证补》可谓集各家研究之大成，王氏在毕沅《释名疏证》的基础上，广泛引用各家之说，再加上自己的一些看法，用"先谦曰"

为标记，或作订正，或作补充①，或作理论问题的探索②。孙诒让的《札迻》对《释名》中的39条训释进行疏证，对毕注的错误有所纠正，分析比较缜密，能发表自己的见解。此外，这个时期也有对《释名》训释体例进行研究的。例如：顾广圻《释名略例》仅600多字，把《释名》的训释体例归为本字例、叠本字例、本字而易字例、易字例、叠易字例、再易字例、转易字例、省易字例、省叠易字例、易双字例十例，并举例说明："本字者何也？则'冬曰上天，其气上腾，与地绝也'，以'上'释'上天'，如此之属，一也。叠本字者何也？则'春曰苍天，阳气始发，色苍苍也'，以'苍苍'释'苍'，如此之属，二也。本字而易字者，何也？则'宿，宿也，星各止宿其处也'，以'止宿'之'宿'释'星宿'之'宿'，如此之属，三也。易字者何也？则'天，显也，在上高显也'，以'显'释'天'，如此之属，四也。叠易字者何也？则'云犹云云，众盛意也'，以'云云'释'云'，如此之属，五也。再易字者何也？则'腹，复也，富也'，以'复也，富也'再释'腹'，如此之属，六也。转易字者何也？则'兄，荒也，荒，大也'，以'荒'释'兄'，而以'大'转释'荒'，如此之属，七也。省易字者何也？则'绨，似蝀，虫之色绿而泽也'，以'蝀'释'绨'，而省'蝀也'之云，如此之属，八也。省叠易字者何也？则'夏曰昊天，其气布散，皓皓也'，以'皓皓'释'昊'，而省'犹皓皓'之云，如此之属，九也。易双字者何也？则'摩娑，犹末杀也'，以'末杀'双字释'摩娑'双字，如此之属，十也。十者，非他也，二例之分焉者也。第二以上本字例分者二，第四以下易字例分者七，而有第三之一例半分于本字，半分于易字者，在其间以相关通。然则易字之所由生，固生于本字而已矣。所谓

　　① 魏宇文、王彦坤：《〈释名疏证补〉"先谦曰"按语研究》，《学术研究》2005年第3期，第143－144页。
　　② 贺知章：《〈释名疏证补〉对〈释名〉相关理论问题的探讨》，《延安大学学报》2014年第4期，第98－100页。

易简而天下之理得也。读者循是而一一求焉。凡今本脱误之当补正者，无不可知也。至于尤脱误而非复能补正者，亦无不可知也。吴子志忠将治《释名》，屡咨其所难知者于予，故略举本书以明其例，书而贻之。"①《四库全书总目提要》指出："（《释名》）以同声相谐，推论称名辨物之意，中间颇伤穿凿。"② 但是，这类研究为数极少，这个时期还是以对《释名》的校勘和注释为主。

清人对《释名》的校勘和注释开了《释名》研究的先河，这是功不可没的。清人研究《释名》的重点主要在文字校勘上，并取得了一定的成绩，为后来的《释名》研究工作奠定了很好的材料基础。但是，由于部分校注者对《释名》的认识水平还不够，他们在校勘和注释《释名》时，往往容易出现堆积材料、缺少个人见解、随意删增文字等错误，不符合《释名》本书之原貌。

鉴于以上情况，本书将选取清代七位研究《释名》比较有代表性的注疏家、校勘学家——毕沅、王先谦、苏舆、王先慎、孙诒让、许克勤和胡玉缙，对他们的注疏材料进行穷尽性的分析（见每章后面的附录），并作较为全面客观的研究，从而对清代《释名》注疏研究小史进行梳理，还原清代《释名》注疏研究的基本概貌，为后世词源学研究保存丰富的研究资料，对汉代声训，尤其是《释名》声训的公允评判提供参考。

我们所据的版本主要有：上海古籍出版社 1984 年版王先谦《释名疏证补》（据清光绪二十二年本影印）、中华书局 1985 年版《丛书集成初编》中的毕沅《释名疏证》（据经训堂丛书本影印）、上海涵芬楼影印本刘熙撰《释名》（借江南图书馆藏，据明嘉靖翻宋本影印）和雪克、陈野点校的齐鲁书社 1989 年版孙诒让《札迻》。

此外，我们在阐述问题的过程中，为了方便说明字形字义，有时要用到繁体字，故本书的举例、附录中有些采用了繁体字，其他行文均用简体字，特此说明。

---

① 王先谦：《释名疏证补》，上海古籍出版社，1984 年，第 13 – 15 页。
② 《四库全书总目》，中华书局，1965 年，第 340 页。

目　录

第一章　毕沅《释名疏证》中的
"今本俗字"研究

　　东汉末年刘熙的《释名》，共八卷二十七篇，是一部探求人们日常生活中各种用品命名来源的词源学专著。《释名》和《尔雅》《说文》《方言》，被称作我国最早的四部文字训诂专书。其他三部书成书后，一直受到学者们的青睐，研究热潮经久不衰，研究者之众、成果之丰令人瞩目。唯有《释名》，虽然也被历代的类书、字书、音义书引用，但研究者却呈"门前冷落鞍马稀"之状。"清乾隆年间，毕沅始校理及之。"[①]毕沅，字纕蘅，一字秋帆，自号灵岩山人，江苏镇洋人。"少尝从沈德潜、惠栋问业，以是颇知注重经学。性好著书，虽历任显职，公务繁忙，铅椠未尝去手，故其作品甚多。"[②]毕沅在《释名疏证序》中讲到他校此书的过程和目的："……暇日取群经及《史》《汉》书注，唐宋类书，道释二藏校之，表其异同，是正缺失，又益以《补遗》及《续释名》二卷，凡三阅岁而成。复属吴县江君声审正之，江君欲以篆书付刻，余以此二十七篇内俗字较多，故依前隶写云，所以仍昔贤之旧观，示来学以易晓也。"[③]

　　毕沅《释名疏证》在对《释名》一书进行全面疏证时，有 115 处提到"今本俗字"。《释名》是一部探讨民俗词源的专著，其中的用字，既能看出底层文化与上层文化的差异，又可以从中寻求某些俗词产生和发展的线索。因此，这批俗字有较高的研究价值。本章对毕注明确指出的

① 王先谦：《释名疏证补》"出版说明"，上海古籍出版社，1984 年，第 1 - 2 页。
② 萧一山：《清代通史》（二），中华书局，1985 年。
③ 毕沅：《释名疏证》，丛书集成初编本，中华书局，1985 年，第3 - 4 页。

"今本俗字"进行穷尽性的核查、分析和研究,并加以分类。其实,按照毕氏的标准,《释名疏证》中的俗字远不止这 115 个,但他没有明确指出,因此暂不列入本章讨论范围。①

毕沅用了下面几种术语来说明《释名》今本中所使用的俗字:"今本某下加某,俗""今本某加某傍,俗字也""今本某,俗字""俗""俗也""俗字""字俗""俗书""俗字也""并俗字""亦俗字""世俗书""某字俗""俗某字""俗作某""俗从某""俗通用某""俗某作某""俗作(书)某字""某俗字""某之俗""某俗某字""某正某俗""某即(为)某之俗体""某字之俗""某乃俗字""某,某之俗""加某俗""某加某傍,俗字也""今俗皆作某字",等等。115 个"今本俗字"中,毕氏改为正字的有 28 个,约占 24%;未改为正字的有 87 个,约占 76%。

一、毕注"今本俗字"依据考辨

毕注《释名》"今本俗字",皆有依据,其依据就是《说文》是否收录以及属本字还是非本字。对于这些所谓俗字,毕氏有的直接改为正字,有的则没有改。今据以叙述如下:

(一)毕沅认为《释名》今本用了俗字,在注中指出来,并改为正字(共 28 字)

1. 以《说文》所无的字为俗字(共 24 字)

① "童子,童,重也,肤幕相裹重也。子,小称也。主谓其精明者

---

① 据本人统计,类似的字还有砲、孼、瀼、峤、俓、剧、欋、陌、懁、睫、扠、趾、捬、毗、泯、松、悌、杼、拽、铭、帜、跡、憋、掃、禪、裆、睥、膶、住、佇、崲、倒、讚、鐈、鈤、鑷、篡、稍、靬、䡮、靮、癥、汚、妒、梛、颡、廓、绰 48 个字。

也。或曰牟子。牟，冒也，相裹冒也。"毕注："今本童字、牟字皆加目旁，俗字也。《说文·目部》云：'矇'，卢童子也。'又云：'瞳，目童子精也。'又云：'眊，目童子不正也。'又云：'盲，目无童子也。'童、牟皆不从目。"（《释形体》）

毕氏认为，"瞳""眸"皆俗字，因为《说文》无"瞳""眸"字。但《玉篇》已见"瞳""眸"二字。《玉篇·目部》："瞳，徒公切，目珠子。""眸，莫侯切，目瞳子。"

②"斩要曰要斩。"毕注："要字《说文》作𦞧，'身中也，象人要自臼之形，从臼交省声。'今本要从肉旁作，俗字也。"（《释丧制》）

毕氏指出，"腰"为俗字，因为《说文》无"腰"字。其实，《玉篇》已见"腰"字。《玉篇·肉部》："腰，於消切，髁也。"

③"削，陗也。其形陗杀裹刀体也。"毕注："今本'陗'俱作'峭'，俗，从《说文》改。"（《释兵》）

毕注据《说文》改"峭"为"陗"，因《说文》无"峭"字。然而，《玉篇·山部》"陗"字下注："七肖切，险也，亦作'峭'。"

以上"瞳""眸""腰""峭"4字均为《说文》所无，毕氏都认为是俗字，且都改为正字。

2. 以《说文》非本字为俗字（共4字）

①"偏高曰阿丘。阿，何也。如人儋何物，一边偏高也。"毕注："儋何，今本作'擔荷'，字俗。"（《释丘》）

　　毕氏认为，今本"擔"为"儋"的俗字，故改字。《说文·人部》："何，儋也。从人可声。"徐铉等注曰："儋何即负担、负何也，借为谁何之何，今俗别作'擔荷'，非是。"又，《说文·艸部》："荷，芙蕖，从艸何声。"可见，"荷"的本义为"荷花"，原非"担荷"义之本字。

　　②"摇翟，画摇雉之文于衣也。"毕注："《周礼》作'揄狄'，郑康成注作'摇翟'，声近字也。诸本并从《尔雅》，'摇'字作'鹞'，俗书也。"（《释衣服》）

　　毕氏认为，"鹞"是"摇"的俗字。《玉篇·鸟部》"鹞"有二义，一"以招切，五色雉也"，一"以照切"，义为"鹰鹞"。《尔雅·释鸟》："鹞，即鹞雉也"，取其前义。然《说文·鸟部》："鹞"仅有"鸷鸟也"之释，故毕氏不以"鹞翟""鹞雉"为正字，而遵从郑玄《周礼注》也。①

　　③"燥，焦也。"毕注："焦，本皆作'燋'，俗。"（《释言语》）

　　毕氏认为此处释"燥"当用"焦"字，故以作"燋"为俗。《说文·火部》："燋，所以然持火也。"又："焦，火所伤也。"则"燋"为"用来引火的柴"，而"焦"是"焦灼"之意。故在"焦躁"意义上，"焦"并非"燋"之本字。

---

　　① 《周礼·天官·内司服》："揄狄"，郑注："揄翟，画摇者。"孙诒让正义："摇者，亦《尔雅·释鸟》文，今本《尔雅》'摇'作'鹞'。《说文·隹部》说十四雉之名，亦作'摇'。'鹞'为鸷鸟，非雉名，当从'摇'为正。"据毕注、郑注和孙氏正义，雉名 yáo，古作"摇"，后世借鸷鸟名的"鹞"来记录"摇"。

（二）毕沅认为《释名》今本用了俗字，在注中指出来，但未改为正字（共87字）

1. 以《说文》所无的字为俗字（共83字）

①"莂，别也，大书中央，中破别之也。"毕注："'莂'，字俗。《玉篇》始载之。"（《释书契》）

毕氏认为，"莂"为"别"之俗字。王先谦《释名疏证补》引孙诒让曰："'莂'即'别'之变体，从艸无义。"又《玉篇·艸部》："莂，彼列切，种概移载莳也。"《竹部》："箹，兵列切，分也。"《广韵·薛韵》："箹，分箹，一云分契。"则后起分别文当是"箹"，而非"莂"字。

②"溝，搆也，纵横相交搆也。"毕注："'搆'当作'冓'，《说文》云：'冓，交积材也，象对交之形。'今加手旁，字俗。"（《释水》）

毕氏指出，"搆"为"冓"之俗字。因为《说文》《玉篇》均无"搆"字。

③"顄，滨也；滨，厓也。"毕注："'滨'，俗字也。《说文》云：顄，水厓也。人所宾附，顄戚不前而止。从页从涉。则当为'濒'。"（《释形体》）

毕氏认为，"滨"是俗字。《说文》无"滨"字，但《玉篇》已见"滨"字，《玉篇·水部》："滨，补辰切，涯也。"

以上"莂""搆""滨"3字均为《说文》所无，毕氏指出它们为俗字，但没有改为正字。毕注中此类情况尚有80字，此处不一一列出。

2. 以《说文》非本字为俗字（共 4 字）

①"胇，否也，气否结也。"毕注："'胇'，俗字。《说文》作'痞，痛也，从疒，否声'。《玉篇》：'腹内结病。'《易》之否卦为闭塞之谊，此亦然也。"（《释疾病》）

毕氏认为"痞"正、"胇"俗。因为《说文·肉部》："胇，豕肉酱也"，这显然非"气否结"义之本字。

②"将，救护之也。"毕注："案：《说文》'扗'训'扶'，此当作'扗'，俗通作'将'。"（《释言语》）

毕氏认为"扗"为正字，"将"则为俗字。因《说文·寸部》："将，帅也。"与"救护"义相去甚远，故"将"非"救护"的本字。

③"逆，遻也，遻不从其理，则生殿遻不顺也。"毕沅在"逆"字下注："《说文·辵部》云：逆，迎也。从辵屰声。……此当作'屰'。而俗通作'逆'。"①（《释言语》）

毕沅认为，"逆"为"屰"的俗字。段玉裁也说："逆迎双声，二字通用。如《禹贡》'逆河'，《今文尚书》作'迎河'是也。今人假以为顺屰之屰，逆行而屰废矣。"（《说文解字注》"逆"篆下注）

④"仁，忍也，好生恶杀，善含忍也。"毕氏在"好"字下注：

---

① 《说文·辵部》："逆，迎也。"又《屰部》："屰，不顺也。"古"逆顺"义用"屰"字，至于"逆"成为"逆顺"义的正字那是后来的事。可见，作为"逆顺"义的"屰"为本字，"逆"为通假字。类似情况的字还有燋、将、确、私、鹬等字，不再一一说明，以此类推。

"《说文》引《商书》:'无有作奵',然则此当作'奵',俗通用'好'字,无别矣。"(《释言语》)

我们先看《说文》对"好"的解释。《说文·女部》:"好,美也。从女子。"毕氏据以认定"好生恶杀"之"好"正字当书作"奵"。其说实误,详见下文。

以上"胉""将""逆""好"4 字均为《说文》所有,但本义则与《释名》里的文意不合,故毕氏并以之为俗字。

二、"今本俗字"正俗字关系考辨

毕注所谓《释名》"今本俗字",共有 115 个,经统计和分类表明:这些字绝大多数是后起分别文,其次是后世异体字,再次是后世通假字,此外,还有少数后出本字以及个别属于正字误判的例子。下面就毕注所谓《释名》"今本俗字"与正字的关系,分类略作说明:

(一) 毕注所谓《释名》"今本俗字",属于后起分别文(共 67 字)

这类俗字共有 67 字,约占总数的 58%,它们全都有相对应的所谓正字,其间的关系,即我们今天说的"古今字"的关系。毕氏所谓俗字即是"今字",正字则是"古字"。例如:

①"褥,辱也,人所坐衰辱也。"毕注:"衣旁作'褥',俗字也,于文当作'蓐'。"(《释床帐》)

毕氏认为,"褥"为俗字,"蓐"是正字。我们认为,"蓐""褥"应为古今字。

②"帽，冒也。"毕注："此俗字也，《说文》作'冃'，云：'小儿及蛮夷头衣也。'"（《释首饰》）

毕氏认为，"帽"是俗字，"冃（冒）"为正字。我们认为，"（冃）冒""帽"是古今字。

③"水泆出所为泽曰掌，水停处如手掌中也。"毕注："亭加人旁，俗字也。"（《释水》）

毕氏指出，"停"为俗字，"亭"为正字。我们则认为，"亭""停"是古今字。

（二）毕注所谓《释名》"今本俗字"，属于后世异体字（共 32 字）

这类俗字共有 32 字，约占总数的 28%。它们全都有相对应的所谓正字，其间的关系，即我们今天说的"异体字"的关系。根据各字在后世的通行性，又可分为两类：

1. 毕氏所谓的俗字，今天已成为正字（30 字）

①"曜，燿也，光明照燿也。"毕注："燿从火，今本从光，系俗字。"（《释天》）

毕氏以为"耀"为俗字、"燿"为正字，与后世的情形恰好相反。"耀"已经作为正字通行至今。

②"豉，嗜也，五味调和，须之而成，乃可甘嗜也。"毕注："《说文·尗部》云：'敊，配盐幽尗也。'今本作'豉'，俗。"（《释饮食》）

毕氏以为"豉"为俗字，"尗"为正字，今则定"豉"为正字。因为《说文》无"豉"字，《玉篇》已见"豉"字。《玉篇·豆部》："豉，市真切，豆豉，亦作尗。""豉"作为正字一直流行至今。

2. 毕氏所谓的俗字，今天则称为异体字（2 字）

①"眉，媚也，有娬媚也。"毕注："娬，今本作'娬'，亦俗字。"（《释形体》）

《说文》无"娬"字，《玉篇》已见"娬"字。《玉篇·女部》："娬，同娬。"毕氏以为"娬"为俗字，"娬"为正字，后世也以"娬"为正字，"娬"为异体字。

②"疎者，言其经纬疎也。"毕注："'疎'为'疏'之俗体。《后汉书·文苑传》：'祢衡著单衣疎巾。'后人又改作'綀'，皆《说文》所无。"（《释采帛》）

《说文》无"疎"字，毕氏认为"疎"为俗字，"疏"为正字。后世仍以"疏"为正体字，"疎"为异体字。

（三）毕注所谓《释名》"今本俗字"，属于后世通假字（共 13 字）

这类俗字有 13 字，约占总数的 11%。全都是当时根据字音相同或相近借用的，也就是说，俗字记录的词义，并不能从字面上推求，后世通常视为通假字。例如：

①"午，仵也，阴气从下上，与阳相仵逆也。"毕注："仵，俗字，当作'啎'。《说文》云：'午，啎也。五月阴气午芽，阳冒地而出也。'又云：'啎，芽也，从午吾声。'"（《释天》）

《说文》无"仵"字,《玉篇·人部》:"仵,奚古切,偶敌也。"可见,作为表"逆"义的记录符号,"铻"为本字,"仵"为通假字。二字上古音同属鱼部疑母上声字,故为通假。

②"寤,忤也,能与物相接忤也。"毕氏在"忤"字下注:"忤,俗字,当作'晤'。"又曰:"《说文》无'忤'字,《诗·东门之池》云:'可与晤歌。'毛传:'晤,遇也。'则'晤'之义为'接晤'。又《邶风·柏舟》云:'寤辟有摽。'《说文》引作'晤辟有摽'。则'寤''晤'义同,故当定作'晤'。"(《释姿容》)

《玉篇·心部》:"忤,五故切,逆也。"可见,作为表"接遇"的记录符号,"晤"为本字,"忤"为通假字。

(四)毕注所谓《释名》"今本俗字",属于后出本字(共2字)

这类俗字共2字,约占总数的2%。这类俗字其实并没有相对应的正字——毕氏所以认为其是俗字,只是因为《说文》所无,当然也就无法指出"本当作某"。此类字的实质是由于新词出现后,没有现成的字记录,因而特为专造的记录符号,我们姑且称之为"后出本字"。例如:

①"襈,缘也,青绛为之缘也。"毕沅在"襈"字下注:"此亦俗字,《说文》所无。"(《释衣服》)

"襈"见于《玉篇》。《玉篇·衣部》:"襈,缘襑也,重缯也。"没有相对应的正字,故当视为表"缘襑"或"重缯"义之本字。

②"衫,芟也,芟末无袖端也。"毕沅在"衫"字下注曰:"此俗字也。《说文新附》字乃有之。"(《释衣服》)

"衫"是短袖的单衣。作为该词的记录符号，并没有什么别的正字，"衫"就是本字。

（五）毕注所谓《释名》"今本俗字"，实为本字（共 1 字）

这类字共 1 字，约占总数的 1%。即：

"仁，忍也，好生恶杀，善含忍也。"毕注："《说文》引《商书》：'无有作妞'，然则此当作'妞'，俗通用'好'字，无别矣。"（《释言语》）

《说文·女部》："妞，人姓也，从女丑声。《商书》曰：'无有作妞。'"段玉裁注："《广韵》《玉篇》皆曰：'妞，姓也。'……今《尚书》'妞'作'好'，此引经说，假借也。'妞'本训人姓，好恶自有真字。而壁中古文假'妞'为'好'，此以见古之假借不必本无其字，是为同声通用之肇耑矣。"又，《说文·女部》："好，美也，从女子。"段玉裁注："好，本谓女子，引申为'凡美之称'。凡物之好恶，引申为'人情之好恶'，本无二音，而俗强别其音。"可见，"hào 生恶杀"之"hào"，本字实当作"好"，毕氏认定正字为"妞"，其说甚误。

三、毕沅俗字观论辩

综上所述，毕沅所谓的《释名》"今本俗字"实际上包括五种情况：其中后起分别文 67 字，约占 58%；后世异体字 32 字，约占 28%；后世通假字 13 字，约占 11%；后出本字和本字 3 字，约占 3%。上面五种类型中，除了后世通假字和部分后世异体字以外，其余"俗字"都是今天流行的正字。后起分别文最多，占了俗字总数的五成多，这些字原为克服古字一字多词、认读不易的弊病而产生，目的在分担古字的记词任务，以求达到一字一职。故其出现与使用，实是汉字发展的进步。后世异体字约占 28%，而绝大多数今天也已成为正字。毕沅发觉了这一事实，使我们看到清人虽宗汉唐，却不忽视文字运用的时代差异。

毕氏基本上是依据《说文》来判定正俗字的，《说文》有的就是正字，没有的字就是俗字，这个处理俗字的依据，反映了清人的学术观点，是清代《说文》学的学术理念，也是当时人的一种习惯。这一点，从与他差不多同时代的著名文字学家段玉裁的观念中也可以看出。如：《说文·音部》："竟，乐曲尽为竟，从音从人。"段注："曲之所止也，引申之，凡事之所止，土地之所止，皆曰'竟'。毛传曰：'疆，竟也。'俗别制'境'字，非。"据《清史稿·儒林二·江声传》记载："生平不作楷书，即与人往来笔札，皆作古篆，俗儒往往非笑之，而声不顾也。"① 就是这种观念与习惯的反映。

毕沅之后半个世纪，学者的观念有了较大的变化。毕注："俗书竟字加土旁，非也。"王先谦的《释名疏证补》引成蓉镜云："……成国撰《释名》作'境'，当是依俗为之，此类甚多，毕校间用《说文》改正，而江氏所书篆本尤夥，虽究六书之旨，然已失成国本来面目矣……"就反映了这种变化。从毕氏发用《说文》为正字以钩稽俗字，到成、王给俗字以应有的地位，这个变化正反映了清代学者文字观的与时俱进。

此外，王先谦的《释名疏证补》书末附录了毕沅的《续释名》及《释名补遗》。毕沅的《续释名》补充了《释律吕》（13 条词条）、《释五声》（6 条词条）两篇共 19 条词条。其中《释律吕》有"律吕、黄钟、大吕、大蔟、夹钟、姑洗、仲吕、蕤宾、林钟、夷则、南吕、无射、应钟"13 条词条。《释五声》有"五声、宫、商、角、徵、羽"共 6 条词条。《释名补遗》补充了十篇共 27 条词条。其中，《释天》补充了"伏、宵、霞、雾、霁"5 条词条。《释姿容》补充了"击、省"2 条词条。

---

① 萧一山：《清代通史》（中），中华书局，1986 年，第 615 页。

《释亲属》补充了"嬖"1 条词条。《释饮食》补充了"黍"1 条词条。《释衣服》补充了"帬"1 条词条。《释宫室》补充了"明堂、壕"2 条词条。《释用器》补充了"铲、磴、炭"3 条词条。《释乐器》补充了"击壤"1 条词条。《释疾病》补充了"欶"1 条词条。

毕沅还增加《释爵位》一篇，补充了"公、御史、卿、十二卿、胪、平准、祭酒者、骠骑将军、奉车都尉、长水校尉"共 10 条词条。至于增加《释爵位》一篇，毕沅有一段注释："今《释名》二十七篇无《释爵位》之目，据成国自叙言'凡二十七篇'，则今之《释名》不复有亡篇矣。乃韦昭谓'《释名》爵位之事，又有非是'。而唐宋人诸书，于官职类辄引《释名》及韦昭《辩释名》，不一而足，何也？沅案：范尉宗《后汉书·文苑列传》称：'刘珍撰《释名》三十篇'，窃意尉宗误尔，当是刘熙。熙之《释名》盖三十篇，后有亡失，则或据其见存之篇数，以改熙之自叙之三十为二十七尔。不然，韦昭何见而云然，唐宋诸人何据而引之乎？《释名》必实有《释爵位》篇矣。"可见，毕沅认为，据韦昭补充《释爵位》一篇很有必要，实今本刘熙《释名》所无。然而，据《后汉书·文苑列传》记载，《释名》有三十篇，且唐宋人纷纷转引《释名》时均有官职类词语，故刘熙《释名》定有《释爵位》一篇。关于刘熙《释名》的篇目，上面已论述清楚，在此不再赘述。

毕沅在《释名疏证》后面有一段关于附录《释名补遗》及韦昭《官职训》《辩释名》的阐述："检阅群书，辄见有引《释名》，而今《释名》阙者，辑录以为《补遗》附于卷末。因取韦昭所补之《官职训》及《辩释名》并附录焉。惟是《官职训》及《辩释名》据昭自言'各一卷'，则捊然成帙。今虽亡失，其引见唐宋人书者，当不止于是，而予之所见仅此而已。党博雅君子别有采获，以补予之不逮，则幸甚幸甚。"① 这里毕沅说明了其所撰《释名补遗》以及附录《官职训》《辩释名》的目的，

---

① 毕沅：《释名疏证·附录》，丛书集成初编本，中华书局，1985 年，第 17 页。

他认为唐宋人所引《释名》者众多，而韦昭《官职训》《辩释名》又亡失。对于毕沅增加和补充的篇目及词条，清代时贤又是如何评价的呢？苏舆曰："《补遗》一篇，如'霧'一条，已见本书《释天》。《事类赋》注及《御览》引首二句，乃文字小异，并非逸文。下四句疑出后人删节。毕已引见，彼注言之明矣。'省'一条已见《释言语》，《御览》所引，惟'雀'为'废'之讹，毕注亦尝言及。本书及各书增减异同，如此者甚夥。既一例校入注文，不应专举二条列入《补遗》，转致挂漏。又'霁'一条，《释天》已云：'蒙，日光不明，蒙蒙然也。'蒙霁字通，是即一义，毕亦于彼注言之，无缘复为纂补。又'敕'一条，毕于《释疾病》'欬'字下引《御览》，既云'乃《饮食篇》之嗽，不当在此'，而于此复以为两文，据以补录，更为前后矛盾。毕精研此书，不当全不相应，或出其幕客门下所为，毕偶未检，致兹乖舛耳。"可见，苏舆认为：毕沅所补充的上述几个词条，分别在《释名疏证》相关篇目的注疏文字已有阐述，没有必要专列《补遗》，且《补遗》与毕沅原来的注疏风格不太符合，极有可能是幕客所为。

附录：毕沅《释名疏证》"今本俗字"语料

1. 《释天》："夏曰昊天，其气布散颢颢也。"颢，今本作"皓"，俗字也。《说文》曰："颢，白皃，从页景。"《楚词》曰："天白颢颢。"据此当作"颢"。

2. 《释天》："乾，健也，健行不息也。又谓之乭，乭，縣也，如縣物在上也。"案："乭者，以色名之也。《易·文言》曰：'天乭而地黄。'当非取縣义。今本'縣'下加心，俗。"

3. 《释天》："景，竟也，所照处有竟限也。"俗书"竟"字加土傍，非也。

4. 《释天》："曜，燿也，光明照燿也。"燿从火，今本从光，系俗字。

5. 《释天》："寒，扞也，扞格也。"今本"扞"作"捍"，俗字也。《礼记·学记》曰："扦格而不胜。"郑注云："'格'读为'冻洛'之'洛'，扦，坚不可入之貌。'然则当作'扦格'，读当为'扦洛。'"

6. 《释天》："午，仵也，阴气从下上，与阳相仵逆也。"仵，俗字，当作"啎"。《说文》云："午，啎也，五月阴气午逆，阳冒地而出也。"又云："啎，逆也，从午吾声。"《律志》云："罗布于午，罗亦啎逆之意也。"《律书》曰："午者，阴阳交，故曰'午'。"案："午有交午之义，故云。"

7. 《释天》："雪，绥也，水下遇寒气而凝，《说文》"凝"作"冰"，水坚也，俗"冰"从"疑"，今此用俗字。《文选·雪赋》注引"绥"作"媛"，亦俗字。《集韵》与"绥"通用。绥绥然也。"

8. 《释天》："札，截也，气伤人如有断截也。"今本"札"字加"疒"，俗也。《周礼·均人职》云："凶札则无力政。"《左氏·昭四年传》云："民不夭，札皆止。"作"札"，不从"疒"。

9. 《释天》："妖，祅也，祅害物也。""妖"从女旁，"祅"从歹旁，并俗字。案："'妖'当作'祥'，两'祅'字当作'祆'。《说文·示部》云：'祥，地反物为祥也，从示，芺声。'又《虫部》：'衣服歌谣草木之怪谓之祥。'《左传》云：'民不祆札。''祆'字不从歹。"

10. 《释地》："地不生物曰卤。卤，爐也，如爐火处也。""爐"，《水经注》引作"盧"，今加火旁，俗。

11. 《释山》："山小而高曰岑。岑，嶃也，嶃嶃然也。""嶃"，俗字也。当作"渐"。《诗·小雅》云："渐渐之石。"毛传云："渐渐，山石高峻。"《释文》云："渐，士衔反。"然则古通借"渐"字为之。

12. 《释山》："山体曰石。石，格也，坚捍格也。""捍"，俗"扦"字。

13. 《释水》："水泆出所为泽曰掌，水停处如手掌中也。"亭加人旁，俗字也。

14. 《释水》："溝，搆也，纵横相交搆也。""搆"当作"冓"，《说文》云："冓，交积材也，象对交之形。"今加手旁，字俗。

15. 《释水》："水中可居者曰洲。亦本《尔雅》，《毛诗·关雎》传亦云然。案：《说文》，州从重川，俗作"州"傍加水，非。洲，聚也，人及鸟兽所聚息之处也。"

16. 《释水》："小沚曰坻。坻，迟也，能遏水使流迟也。人所为之曰涵。涵，术也，偃水使郁术也。今本"偃"作"堰"，俗字也。《左氏传》："规偃潴。"兹据正。又今本"使"在"水"上，据谊易置之。鱼梁水碓之谓也。"

17. 《释丘》："偏高曰阿丘。阿，何也，如人儋何物，一边偏高也。"儋何，今本作"擔荷"，字俗。

18. 《释道》："城下道曰隊，"隊"，俗字也。《初学记》引作"豪"。隊，翱也，言都邑之内人所翱翔祖驾之处也。"

19. 《释州国》："縣，縣于涓反，俗作"懸"，下同。也，縣系于郡也。"

20. 《释形体》："眉，媚也，有妩媚也。"妩，今本作"斌"，亦俗字。

21. 《释形体》："颐下曰鬚。《说文》作"须"，云：面毛也，从页彡，"鬚"乃俗字。鬚，秀也，物成乃秀，人成而须生也，亦取须体干长而后生也。"

22. 《释形体》："在颊耳旁曰髯，"髯"，俗字。《说文》作"顟"，云："颊须也。从须冄，冄亦声。"随口动摇，冄冄然也。"

23. 《释形体》："其上连发曰鬓。鬓，滨也；滨，厓也。"滨"，俗字也。《说文》云：顮，水厓也。人所宾附，顮戚不前而止。从页从涉。则当为"濒"。《诗·采蘋》"南涧之濒"，今亦通作"滨"，字姑仍之。为面额之崖岸也。"

24. 《释形体》："臆，犹抑也，抑气所塞也。""抑"当从反印作"归"，今俗皆作"抑"。

25. 《释形体》："肋，勒也，所以检勒五臓也。"今本脱"所以"二字，据《广韵》引增。"臓"字俗，古但用"藏"。

26. 《释形体》："膈，鬲加月旁作俗字也，当作"鬲"。塞也，隔塞上下，使气与谷不相乱也。"

27. 《释姿容》："徐行曰步。步，捕也，如有所司相吏反，俗作'伺'，非。捕，务安详也。"

28. 《释姿容》："乘，陞俗"升"字。也，登亦如之也。"

29. 《释姿容》："掣，字俗，本应作"瘛"，下同。制也，制顿之使顺己也。"

30.《释姿容》："蹙，字俗，古通用'戚'。遒也，遒迫之也。"

31.《释姿容》："眠，俗字也，《说文》：'瞑，翕目也。'与'睡'连文，当从之。泯也，无知泯泯也。"

32.《释姿容》："寤，俗字，当作'晤'。忤也，能与物相接忤也。"

33.《释姿容》："嚏，疐也，声作疐而出也。"今本'疐'皆作'踕'，俗讹字也。

34.《释姿容》："笑，钞也，颊皮上钞者也。"'笑'当作'芺'，本是艸，从艸，夭声……今俗间皆依徐作'笑'字矣。

35.《释长幼》："人始生曰婴儿，胸前曰婴，抱'襄'字之俗。之婴前，乳养之也。"

36.《释长幼》："女，如也……青徐州曰娪。娪，忤也，始生时人意不喜，忤忤然也。"'娪''忤'皆俗讹字。《说文》云："午，啎也。""啎，屰也。"当据以改正。

37.《释亲属》："祖，祚也，'祚'，俗字，当作'胙'。祚物先也。"

38.《释亲属》："弟，弟也，相次弟而生也。"《说文》云："弟，韦束之次弟也。"然则本谊为"次弟"，假借以为"兄弟"，取"次弟"之谊，以为后生者之称，故云"弟，弟也，相次弟而生也"，是则兄弟次弟非有异字，乃俗书次弟之"弟"，辄加竹于上，以别于兄弟字，谬甚矣。

39.《释言语》："仁，忍也，好《说文》引《商书》：'无有作politик'，然则此当作'politik'，俗通用'好'字，无别矣。生恶杀，善含忍也。"

40.《释言语》："孝，好也，爱《说文》：'恷，从心先声'，俗皆作'爱'，别。好父母，如所说好也。"

41.《释言语》："薄，迫也，单薄相偪偪，从人畐声，俗书从辵，非。迫也。"

42.《释言语》："丑，臭也，如物臭蔵也。"今本脱'物'字，据《广韵》引增。'蔵'当作'薉'，从艸，岁声，俗作禾傍箸岁，非。

43.《释言语》："燥，焦也。"焦，本皆作'燋'，俗。

44.《释言语》："逆，《说文·辵部》云：'逆，迎也。从辵屰声。''屰，不顺也，从干下凵声之也。"此当作"屰",而俗通作"逆"。遟也，遟不从其理，则生殿遟不顺也。"

45.《释言语》："退，坠也。"《礼记·檀弓》曰："退人若将队诸渊。""队"本字，俗加土。

46.《释言语》："羸，累也，恒累于人也。"累本作纍，从糸畾声，俗省畾为田，失其声矣。"

47.《释言语》："踪，足傍箸从，亦俗字。《说文》云："轍，车迹也。"当作"轍"，從也，人形從之也。"

48.《释言语》："將，案：《说文》"扜"训"扶"，此当作"扜"，俗通作"将"。救护之也。"

49.《释言语》："停，定也，定于所在也。""停"为"亭"字之俗。《说文·高部》云："亭，民所安定也。"此"亭馆"之"亭"，有"亭止"之义。即以为亭止，字不当有人傍。

50.《释言语》："望，惘也，视远惘惘也。"心傍箸罔，亦俗字。

51.《释言语》："潔，確也，確然不群貌也。""潔"本无水旁（俗字）。

52.《释言语》："潔，確也。""確"亦俗字。案：《说文·冂部》云："崔，高至也，从隹上出冂。"是则不群之意也。然则此当作"崔"。

53.《释言语》："私，《说文》引《韩非子》曰："自营为厶"，《韩子》则作"自环为厶"，营、环字通也。俗作"私"，别。恤也，所恤念也。"

54.《释言语》："佐，左也，在左右也。"佐，俗字也。辅佐之"佐"，本作"左"，今之左右，本作𠂇彐。

55.《释言语》："鸣，本作"鸟"，加口傍，俗。舒也，气愤懑，故发此声以舒写之也。"

56.《释饮食》："嗽，促也，用口急促也。"《说文》："欶，吮也。从欠，束声。"此加口傍，字俗。

57.《释饮食》："朣，蒿也，香气蒿蒿也。"今本"朣"作"膈"，俗字也。《太平御览》引作"朣"，据改。

58.《释饮食》："敊，嗜也，《说文·未部》云：'敊，配盐幽未也。'今本作"敊"，俗。五味调和，须之而成，乃可甘嗜也。"

59.《释饮食》："腜，奥加月傍，俗字也，《礼记·内则》有"鹑奥"，郑注云："腜腥也"，奥不从肉。奥也。"

60.《释饮食》："腜，奥也，藏肉于奥内，藏，本作"臧"，俗加艸。稍出用之也。"

61.《释饮食》："肺膜，今本膜作"膜"，俗讹字也，据《太平御览》引改。《说文》云："膜，切孰肉内于血中和也，读若逊。"膜，馔也，以米糁之，如膏馔也。"

62.《释饮食》："醳酒，久酿酉泽也。"此《礼记》所谓"旧繹之酒"也，"醳"当作"繹"，从糸，睪声，俗从酉，非。"酉泽"从《说文》当作"酋繹"。

63.《释采帛》："疎者，言其经纬疎也。""疎"为"疏"之俗体。《后汉书·文苑传》："祢衡著单衣疎巾"，后人又改作"練"，皆《说文》所无。

64.《释采帛》："縠，粟也，其形戚戚。今本作"其形足足而蹙"，《太平御览》引作"其形戚戚"，据改。"戚"读如迫促之"促"，丝缕急戚，则起绉文如粟矣。俗书戚字下安足，非也。视之如栗也。又谓之沙，亦取戚戚如沙也。"

65.《释首饰》："帽，此俗字也，《说文》作"冃"，云："小儿及蛮夷头衣也。"冒也。"

66.《释首饰》："簪，本作先，则音反，《说文》云：'俗先从竹簪。' 扰也，以扰连冠于发也。又枝也，因形名之也。"

67.《释首饰》："镊，此俗字也，依《说文》当作'簫'，簫，尼辄反。摄也，摄取发也。"

68.《释衣服》："袖，由也，《说文》云："褎，袂也，从衣，采声。袖，俗褎，从由。"手所由出入也。亦言受也，以受手也。"

69.《释衣服》："摇翟，《周礼》作"揄狄"，郑康成注作"摇翟"，声近字也。诸本并从《尔雅》，"摇"字作"鹞"，俗书也。画摇雉之文于衣也，江淮而南，青质五色皆备成章曰摇。"

70.《释衣服》："褶，袭也，《说文》云："褺，重衣也，从衣，执声。"此"褶"

字乃俗作。覆上之言也。"

71.《释衣服》："襦，此俗字也，衣裳上下联屬，即谓其衣为屬，世俗以其是衣名辄加衣旁，类如此者，不一而足，今虽仍之，亦必加以举正，使古文不尽泯云。屬也，衣裳上下相联屬也。"

72.《释衣服》："褠，亦俗字也，本韋旁作。《说文》云：'韝，射臂决也。'《仪礼·乡射》云：'袒决遂。'郑注云：'遂，射韝也，所以敛衣。'然则韝者著于左臂，韬袖使直者也。因而谓直袖之衣为褠，言若著韝然也。禅衣之无胡者也，言袖夹直，形如溝也。"

73.《释衣服》："衫，此俗字也，《说文新附》字乃有之。芟也，芟末无袖端也。"

74.《释衣服》："妇人上服曰袿。上服，上等之服也，郑注：《周礼·内司服》云：'今世有圭衣者，盖三翟之遗俗。'案：三翟，王后六服之上也，故圭衣为妇人之上服，今本'圭'字加衣旁，俗。其下垂者，上广下狭，如刀圭也。"

75.《释宫室》："籬，'離'上加竹，俗字。《说文》所无。離也，以柴竹作之，疏離離然也。"

76.《释宫室》："栅，蹟也，以木作之，上平蹟然也。又谓之撤。撤，紧也，今本'撤'从手旁，俗字也，古通用'徹'。詵詵然紧也。"

77.《释宫室》："陈，堂塗也，《尔雅》'塗'作'途'，字俗。据《毛诗·陈风》传作'堂塗'。《说文》但作'涂'。言宾主相迎陈列之处也。"

78.《释宫室》："草圆屋曰蒲。蒲，敷也，总其上而敷下也。又谓之庵。此俗字也，又或奄上加艸，《玉篇》以莽为古文菴，皆不见于《说文》。庵，奄也，所以自覆奄也。"

79.《释宫室》："灶，造也，创造食物也。"创造，今本作造创。《艺文类聚》引作"创造"，兹据以更之。"创"字义与此异，当作"刱"，俗以音同而误通也。《周礼·膳夫职》曰："卒食，以乐彻于造。""造"谓造作食物之处。

80.《释宫室》："仓，藏也，藏谷物也。"藏，古但作"臧"，才郎反，俗书乃加艸。《说文》云："仓，谷藏也。"仓黄取而臧之，故谓之仓，从食省，口象仓形。

81.《释宫室》："囷，屯也，屯聚之也。"《说文》云："箘，篅也，从竹，屯声。"此"囤"乃俗字。

82.《释宫室》："圌，以草作之，团团然也。"《说文》云："篅以判竹圌以盛谷也，从竹耑声。"此作"圌"，亦俗字。

83.《释宫室》："厕，杂也，言人杂厕在上，非一也。或曰溷，言溷浊也。或曰圊，圊，亦俗字。据《一切经音义》《太平御览》引皆作"清"，《说文》云："厕，清也。"清，夕脊反，下同。言至秽之处，宜常修治，使洁清也。或曰轩，前有伏，似殿轩也。"

84.《释床帐》："人所坐卧曰床。床，装也，所以自装载也，长狭而卑曰榻。"曷"字加木旁，俗。言其榻然近地也，小者曰独坐，主人无二，独所坐也。"

85.《释床帐》："褥，辱也，人所坐亵辱也。"衣旁作"褥"，俗字也，于文当作"蓐"。

86.《释床帐》："幔，漫也，漫漫相连缀之言也。""漫"字当从《说文》作"曼"。曼，引也，据云，相连缀自当用曼引之曼，今加水旁，俗。

87.《释床帐》："幢容，幢，童也，今本作"幢，容也"，案：童容加巾旁，俗字也。施之车盖，童童然以隐蔽形容也。"

88.《释书契》："笏，忽也，君有教命，及所启白，则书其上备忽忘也。或曰簿，言可以簿疏物也。"簿，俗字也。据汉《夏承碑》"为主簿督邮"，《韩敕碑》"主簿鲁薛陶"，《武荣碑》"郡曹史主薄"，古"薄"字皆从艸明矣。然诸史书并从竹，如籍、藉之类亦互通。

89.《释书契》："莂，别也，大书中央，中破别之也。""莂"，字俗。《玉篇》始载之。

90.《释用器》："耩，"耩"，俗字也。《齐民要术》从耒旁，作"耩"字，《玉篇》云："耪也。"沟也。既割去垄上草，又辟其土以壅苗根，使垄下为沟，受水潦也。"

91.《释用器》："鉏，此当止作"斯"，加金旁，俗字也。下二字同。鉏弥也。斤有高下之迹，以此鉏弥其上而平之也。"

92.《释乐器》："埙，《说文》作"壎"，云："乐器也，以土为之，六孔，从土，熏声。"今作"塥",俗。喧也,声浊喧喧也。"

93.《释兵》:"刀,到也,以斩伐到其所,乃击之也。其末曰锋,言
蠚刺之毒利也。"蠚刺,今本讹作"锋刺",盖俗"蠚"作"蜂",故又转相误也。

94.《释兵》:"刀……其本曰环,形似环也。其室曰削。削,陗也,
其形陗杀裹刀体也。"今本"陗"俱作"峭",俗,从《说文》改。

95.《释兵》:"刀……室口之饰曰琫。琫,捧也,捧束口也。"捧,俗
字,本作"奉",方勇反。

96.《释车》:"轺车,轺,遥也;遥,远也。四向远望之车也。""遥"
字俗,当作"䚈",《说文·殳》云:"殻,䚈擊也。"是即殻鼠忌器之"殻"也,则"䚈"为
"䚈远"字明矣。

97.《释车》:"毂,埧也,体坚埧也。"埧,俗字,依《说文》当作"墝",
云:"坚不可拔也,从土,高声。"

98.《释车》:"辋,辋,俗字也。《考工记·輪人》云:'牙也者,以为固抱也。'郑
仲师注云:'牙读如"跛者逛跛者"之"逛",谓轮辋也,世间或谓之罔。'然则"罔"字不从
車。"罔也,罔罗周轮之外也。"

99.《释车》:"輠,裹也,裹帜头也。"輠,案:当作"楇",《说文》无"輠"
字。《史记·孙卿列传》:"炙毂過髡。"裴注引《别录》曰:"'過'字作'輠',輠者,车之盛
膏器也。"据此谊以求其字,则当作"楇"。《说文》云:"楇,盛膏器,从木,咼声,读若過。"
然则"楇"乃正字,過者假借,"輠"则俗字也。《泉水》诗云:"载脂载辖,"脂谓以膏裹帜头
也,帜者,毂之小穿也,有膏则滑泽,而毂利转,故车有盛膏器,字本作"楇",世俗因其在
車,辄作车旁果字。

100.《释车》:"棠,樘也。"樘,今本作"蹚",俗讹字也。《说文》云:"樘,衺
柱也。从木,堂声。"据谊改。

101.《释船》:"三百斛曰舠。"舠,俗字也,当作刀。《北堂书钞》《初学记》
《太平御览》皆引作"舠"。案:《说文》:"舠,船行不安也,从舟,刖省声,读若兀。"则舠字
音谊皆非矣。《毛诗·河广》云:"曾不容刀。"郑君笺云:"小船曰刀。"则古止作刀,乃《诗》
正义。《诗》释文并云《说文》作"舠",今《说文》实无"舠"字。

102.《释疾病》:"痒,扬也,其气在皮中,欲得发扬,使人搔发之
而扬出也。"痒,俗字。《说文》作"蛘",云:"搔蛘,从虫,羊声。""搔,括也。"今

《内则》"痒不敢搔",《一切经音义》引作"蛘不敢搔"。又云:作痒亦非,痒是病名。

103. 《释疾病》:"眩,縣也,目视动乱,如縣物摇摇然不定也。"縣,今本下从心,俗所加也。

104. 《释疾病》:"瞽,鼓也,瞑瞑然目平合如鼓皮也。"《一切经音义》引此"瞑瞑"作"眠眠",俗字也,今不从。

105. 《释疾病》:"消瀜,瀜,渴也,肾气不周于胸胃中,津润消渴,故欲得水也。"《说文》云:"瀜,欲饮也,从欠,渴声。""渴,尽也,从水,曷声。"《佩觿》云:"渴音竭。"《说文》《字林》皆作"真列翻,水竭字"。《汉书·司马相如传》云:"常有消渴病。"《急就篇》亦有"消渴"。师古注云:"消渴,引饮不止也。"皆以"渴"为"瀜"。《广韵》即有"苦曷一切",云"饥渴",而以"瀜"为古文,此书尚不沿俗。

106. 《释疾病》:"呕,伛也,将有所吐,脊曲伛也。"呕,《说文》作"欧":"吐也,从欠,区声。"《急就篇》"欧逆",颜师古注云:"吐而不下食也。"《哀二年·左传》:"简子曰:'吾伏弢呕血。'"始以呕为欧。杜注:"呕,吐也。"《释文》亦不辨其本是欧字,乃云:"本又作'啰'。"更俗人所造矣。《说文》:"伛,偻也。"

107. 《释疾病》:"胚,否也,气否结也。""胚",俗字。《说文》作"痞,痛也,从疒,否声"。《玉篇》:"腹内结病。"《易》之否卦为闭塞之谊。此亦然也。

108. 《释疾病》:"泄利,言其出漏泄而利也。下重而赤白曰腨,言厉腨而难也。"泄利,今之所谓水泻也,或以《左传》之"河鱼腹疾"当之。"腨"字《说文》所无,当借"带"字为之。《玉篇》作"瘵":"竹世切。赤白痢也。"盖本此。"痢"亦"利"字之俗。

109. 《释疾病》:"创,戕也,戕毁体使伤也。"《说文》:"创,伤也。"《一切经音义》云:"古文作戧刃二形,同楚良切。"施本作"疮",字俗,今从各家本。

110. 《释疾病》:"瘢,漫也,生漫故皮也。"《说文》:"瘢,痍也。"《一切经音义》引《苍颉篇》云:"瘢,痕也。""漫"字俗,说见前。

111. 《释疾病》:"肬,丘也,出皮上,聚高如地之有丘也。"肬,从肉,尤声。《太平御览》引《说文》并作"疣",非也。俗多通用。《广雅》:"疣,小肿也,籀文作默。"

112. 《释丧制》:"下杀上曰弑。弑,伺也,伺闲而后得施也。"《说文》云："弑，臣杀君也。《易》曰：臣弑君。从杀省，式声。"《左传》："凡自虐其君曰弑。"
伺字，"司"之俗。

113.《释丧制》："斫头曰斩，斩要曰要斩。斩，暂也，暂加兵即断
也。"今本要从肉旁作，俗字也。

114.《释丧制》："煮之于镬曰烹，若烹禽兽之肉也。"烹字俗。《说文》
作"亯"，凡亨享字皆用此。《左传》"烹伊戾""烹石乞"，《史记》"烹阿大夫"，《汉书》"烹
郦食其"，皆用"烹"字矣。《诗》于亨煮字尚不加火。

115.《释丧制》："葬不如礼曰埋。埋，痗也。"埋，俗字。《说文》作
"薶"，云："瘗也。""痗"见《诗》毛传，训为病，略与"埋"谊似远，然《初学记》亦引作
"痗"，姑仍之。

第二章　王先谦《释名疏证补》按语研究

　　清人王先谦（1842—1917），字益吾，湖南长沙人。清同治四年进士，官至国子祭酒。博览群籍，擅长校雠、董理前人名著，汇纂为集解之业。①。所撰《释名疏证补》是清代整理研究《释名》之集大成之作，很多学者都认为王先谦只不过是在毕沅《释名疏证》的基础上，集中了王启原、叶德炯、孙楷、皮锡瑞、苏舆、王先慎等人的校释，参酌吴刊顾校本、成蓉镜《补证》、吴翊寅《校议》和孙诒让的《札迻》，汇录而成是书，无多少自己的见解。因此世人一般熟悉王先谦的《庄子集解》《荀子集释》和《汉书补注》等，很少有人提及《释名疏证补》。本章在对《释名疏证补》"先谦曰"按语进行穷尽性分析研究后，发觉事实并非如此。王先谦并不是简单地把几家注释集中起来，而是常常在前人没有作注的词条下作注，发表自己的看法；对于前人作了疏证而没有详尽的，王先谦则加以补充；前人说错了的，王先谦便加以纠正。根据本人的统计，《释名疏证补》中王先谦的按语共有254条，约占《释名》全文词条总数（据胡朴安的统计是1 502条②）的17%。其中，王先谦在毕沅等人的疏证下再做补疏的有163条，约占王先谦按语总数的64%，而在毕沅等人无注词条之下加注的有91条，约占王先谦按语总数的36%。这些按语有其鲜明的特点，其中不乏有价值的观点。现从如下几方面加以论述。

---

①　参见《释名疏证补》"出版说明"，上海古籍出版社，1984年，第1-2页。
②　胡朴安：《中国训诂学史》，中国书店，1983年，第202页。

一、王先谦按语的类型

根据王氏作按语的格式,《释名疏证补》254 处"先谦曰"按语大概可划分为两大类:出示吴校①和自为疏证。

(一) 出示吴校

此类凡 115 条,约占王先谦按语总数的 45%。这类按语主要是文字校勘,王氏通过吴刊顾校本,指出版本异文,绝大多数只不过把异文点明,并不加以论断,只有少数表明了自己的态度。其中:

1. 未作表态的 104 条,约占"出示吴校"总数的 90%

①"廉,敛也,自检敛也。"先谦曰:"吴校'廉'下补'检也'二字。"(《释言语》)

②"汁,渖也,渖渖而出也。"先谦曰:"吴校'渖汁'二字互乙,删上'也'字。"(《释形体》)

③"青徐州曰婿。婿,忤也,始生时,人意不喜,忤忤然也。"先谦曰:"吴校'州'作'人'。"(《释长幼》)

④"雍州,在四山之内。雍,翳也。"先谦曰:"吴校'雍州'上有'古曰'二字,合上为一条。"(《释州国》)

以上吴校之例,王氏虽然未作明确表态,但不难看出他是倾向于吴校的。例③"青徐州"显然与全书的"青徐人"(凡 4 见)不一致,吴校作"州"是对的。

---

① 即吴(志忠)刊顾校本,王先谦所说"吴校"即为是书。

2. 作表态的 11 条，约占"出示吴校"总数的 10%

①"庌，正也，屋之正大者也。"先谦曰："'庌，正也'，吴校作'庌，雅也；雅，正也'，是。"（《释宫室》）

②"父，甫也，始生己也。"先谦曰："吴校'始'上有'甫，始也'三字，是。"（《释亲属》）

③"齐，齐也，地在勃海之南，勃齐之中也。"先谦曰："吴校下'勃'作'如'，是。"（《释州国》）

④"荆州谓禅衣曰布襦，亦曰襑褕，言其襑襑宏裕也。"先谦曰："吴校'亦曰'作'亦是也'，以'襑褕'字下属，别为一条，当从之。"（《释衣服》）

这类按语，王氏作了明确的表态，他的疏证是符合语言实际的，是有道理的，是可信的。如例③"勃齐之中也"，"勃齐"不可解，从吴校作"如"方文意通顺。"如齐之中"意谓齐国居天下中部，犹如肚脐之居人身之中部然。"如"之作"勃"，当袭上文"勃海"而讹。

（二）自为疏证

此类凡 139 条，约占王先谦按语总数的 55%。这是按语的精华部分，内容包括音韵、文字、词汇等方面，王氏的疏证简明扼要、通俗易懂，为读者更好地理解《释名》扫清了语言文字障碍。例如：

①"祸，毁也，言毁灭也。"先谦曰："'祸'之为'毁'，其义自明，或以二字声不近为疑。案《诗·汝坟》释文：齐人谓火为燬。《释言》孙炎注：方言有轻重，故谓火为燬也。案'毁''燬'声同，'火''祸'声同，'火''燬''祸''毁'，齐人并以为声近字，故取以为训，成国用其乡音也。"（《释言语》）

王氏证明了"祸""毁"二字在齐方言中是相近的，并指出有人认为"祸""毁"二字声不相近是错误的。

②"秋，緧也，緧迫品物，使时成也。"先谦曰："《说文》：'遒，迫也。或从酋。'《荀子·议兵篇》：'鰌之以刑罚。'《强国篇》：'大燕鰌吾后。''鰌'亦谓迫也。'緧''鰌'皆'遒'借字。"（《释天》）

王氏指出此处是"借字为训"。

③"密，蜜也，如蜜所涂，无不满也。"先谦曰："'密'字经典有数义，此则'密比'之谓也，故云：'如蜜涂，皆满。'"（《释言语》）

王氏在这里点明了多义词"密"的取义，以解读者之困惑。

④"脬，赴也，夏月赴疾作之，久则臭也。"先谦曰："今取脬吹张实肉，和香味其中，干之，名香肚。苏州、粤东皆有之，当是也。"（《释饮食》）

王氏补充说明了"脬"的形制和今之名称，便于读者形象地理解名物。

二、王先谦按语的价值

我们对《释名疏证补》254处王先谦按语进行了分析研究，认为王先谦按语的价值主要体现在以下几方面：

（一）文字校勘

王氏此类按语指出了文字的讹误、衍脱等，对于比较《释名》各版本之优劣、恢复《释名》之原貌具有一定的参考价值。例如：

①"眼，限也，童子限限而出也。"先谦曰："'限限'不见它书，'限'训'阻止'，与'出'义不合，童子亦非可出者，疑本作'童子限而不出也'，传写致误耳。"(《释形体》)

②"咽，咽物也。"先谦曰："此文疑当云：'咽，咽也，言咽物也。'脱去'咽也言'三字，则文义不完，与本书例亦不合。《说文》：'咽，嗌也。'《汉书·息夫躬传》注：'咽，喉咙。因食物由咽入，故吞物亦谓之咽。'《苏武》《匈奴》二传并云：'咽，吞也。'是其证矣。《史记·扁鹊仓公传》正义云：'咽，嗌也，言咽物也。'即用此文。后世以'咽'为喉咙专称，别造'嚥'字为'吞物'之名，古书所无。"(《释形体》)

③"啜，惙也，心有所念，惙然发此声也。"毕沅曰："段云此'啜'字当是'咄'之误。"先谦曰："'啜'非'咄'字之误。《诗·中谷有蓷》'啜其泣矣'，毛传：'啜，泣貌'，成国正为此诗作注。《说文》：'惙，忧也。'"(《释言语》)

以上各例王氏按语均极精辟。今仅就末例略说几句。《说文·口部》："咄，相谓也。"段玉裁注："谓欲相语而先惊之之词，凡言咄嗟、咄唶、咄咄怪事者，皆取猝乍相惊之意，《仓颉篇》曰：'咄，啐也。'《说文》：'啐，惊也。'李善注：'曹植《赠彪诗》引《说文》：咄，叱也。'"《广韵·没韵》："咄，呵也。""咄"与"心有所念""惙然"义不合。故王氏据毛传非之，以"惙"训"啜"，属《释名》中常见的同声符字为训，音义并相合。

(二) 意义解释

或疏解词义，或阐明因由，或补证理据，或纠正错注，形形色色，不一而足。其例如：

①"儿始能行曰孺子，孺，濡也，言濡弱也。"先谦曰："凡从需之字多有弱义，'孺弱''儒弱''懦弱''濡弱'皆是。'濡'则未有不弱者，《礼·儒行》疏亦云：'儒者，濡也。'"（《释长幼》）

王氏指出，凡从"需"的字，都有"弱"义。

②"彊，其性凝强，以制服乱发也。"毕沅曰："此似后世之所谓网巾，今优人犹用之。"先谦曰："此物与香泽诸物为类，又举其性为言，则非网巾明矣，盖若今妇女所用刷发之美人胶，俗称'铇花'者。"（《释首饰》）

王氏纠正了毕沅的说法，点明"彊"并非"网巾"，而是妇女常用美发的"美人胶"。

③"裲裆，其一当胸，其一当背也。"先谦曰："案即唐宋时之'半背'，今俗谓之'背心'，当背当心，亦'两当'之义也。"（《释衣服》）

王氏说明了"裲裆"一词在不同时代的不同名称，唐宋称之为"半背"，清代则称之为"背心"。

④"绔，跨也，两股各跨别也。"先谦曰："《说文》：'绔，胫衣也。'故云'两股跨别也'，疑若今俗之'套裤'。"（《释衣服》）

王氏指出，汉代的"绔"，相当清代的"套裤"。

⑤ "摩娑,犹末杀也,手上下之言也。" 先谦曰:"今人读 '末杀' 为平声,乃 '摩抚' 之意。其音即为 '摩娑',知声义通转也。"(《释姿容》)

王氏认为,"摩娑" 即 "末杀" 之音转,有 "摩抚" 之意。

⑥ "厚,后也,有终后也。" 先谦曰:"俗薄则罔终,惟厚者能有终后也。"(《释言语》)

王氏用 "厚" 之反义词 "薄" 的词义来证明 "厚" 的含义,故 "有终后也"。

(三) 发凡起例

这类按语主要是揭示刘熙《释名》之若干训释条例,对读者深一层理解《释名》原文颇有帮助。其例如:

① "大阜曰陵,陵,隆也,体隆高也。" 先谦曰:"'陵''隆' 双声。汉 '林虑' 避讳改 '隆虑',亦用双声字改也,'林''陵' 音同。"(《释山》)

王氏指出此处是 "双声为训"。

② "助,乍也,乍往相助,非长久也。" 先谦曰:"助从且声,与乍声之字,段氏《音韵表》皆在古音弟五部。今助字开口呼之,则得与乍叶之音矣。"(《释言语》)

王氏指出了 "助""乍" 古韵同部,揭示了刘熙 "叠韵为训" 的体例。

③"抴，泄也，发泄出之也。"先谦曰："此以世声之字通训。《荀子·非相篇》：'牵引则用抴。'《说文》：'抴，捈也。''捈，卧引也。'发泄出之，亦引而伸之之意，故'抴''泄'义可相通。《一切经音义》廿五引《广雅》云：'泄，发也。'《文选·魏都赋》注：'泄，犹出也。'"（《释言语》）

王氏首先点明了同声符字为训的体例，并引书证明它们意义相通。

三、王先谦按语指瑕

王先谦按语偶然也存在错误之处。例如：

"据，居也。"毕沅曰："《说文》：'居，蹲也。'是即'踞'字。"先谦曰："《晋语》：'今不据其安。'韦注：'据，居也。'《左·僖公五年传》：'神必据我。'杜注：'据，犹安也。'是'据'为'安居'之义。毕说似非。"（《释姿容》）

王氏引《晋语》韦注、《左传》杜注证明"据"有"安居"之义，而疑毕沅注非。然以"安居"为解，则与"释姿容"义不合，王氏错矣。

又如：

"檼，隐也，所以隐桷也。或谓之望，言高可望也。或谓之栋。栋，中也，居屋之中也。"毕沅曰："'望'与'甍'音亦相近，此下又别出'甍'。"先谦曰："'望'与'甍'音似不近，此义它书不见。"（《释宫室》）

毕沅以为"甍""望"音近义通，而王氏疑之。其实，"甍"古音属蒸部明母平声，"望"古音属阳部明母平声①，韵则蒸阳旁转，声则明母双声，且"望"指"屋栋"，"甍"称"屋脊"（《释名·释宫室》："屋脊曰甍。"），显然同词异字。毕氏之说无误，王氏所疑无据。

综上所述，《释名疏证补》王先谦按语的内容非常丰富，涉及面广，具有一定的校勘和训诂学价值，也为我们阅读和研究《释名》提供了很好的指导作用。至其存在的不足，白璧微瑕而已，无伤大雅也。

附录：王先谦《释名疏证补》按语语料

1.《释天》："光，晃也，晃晃然也。"毕沅曰：《说文》："晄，明也。从日光，光亦声。"先谦曰："本书《释采帛》云：'黄，晃也，晃晃然，犹日光色也。'亦与此证合。"

2.《释天》："景，竟也，所照处有竟限也。"先谦曰："吴校本'竟'作'境'，'所'上有'明'字。"

3.《释天》："风，兖豫司冀横口合唇言之。"王启原曰："吴校作'豫司兖冀'。"又云："'唇'下脱'口气'二字。"先谦曰："以此卷首条'天'下例之，吴校'豫司'在上，是。"

4.《释天》："阴，荫也，气在内奥荫也。"王先慎曰："'阴''荫'字通。《书·洪范》马融注、《汉书·五行志》应劭注并云：'阴，覆也。'《说文》：'奥，宛也。''宛，屈艸自覆也。'覆而在内，故其气奥荫。《春秋繁露》云：'鹤无宛气。'鹤为阳禽，故无宛气。'"先谦曰："本书《释形体》亦云：'阴，荫也。'"

5.《释天》："暑，煮也，热如煮物也。"先谦曰："唐王维诗：'长安客舍热如煮。'宋文同诗：'六月久不雨，万物蒸煮熟。'本此。'暑''煮'叠韵。"

6.《释天》："雨，羽也，如鸟羽动则散也。雨，水从云下也。雨者，辅也，言辅时生养也。"毕沅曰："自'雨水从云下'以下，今本无之。《初学记》《御览》引皆有，据补。《说文》云：'雨，水从云下也，一象天，冂象云，水霝（零）其间也。'"

---

① 参见唐作藩：《上古音手册》，江苏人民出版社，1982年。

案："此条当与'霜''露''雪''霰'等为类，不应在此。上言热，疑必有冷一条为之配，后人因文脱，遂移此以补之，而亦文不能全，此痕迹之不能尽掩者也。"先谦曰："'雨水'至'养也'，吴校本无。"

7. 《释天》："秋，緧也，緧迫品物，使时成也。"先谦曰："《说文》：'遒，迫也。或从酉。'《荀子·议兵篇》：'鰌之以刑罚。'《强国篇》：'大燕鰌吾后。''鰌'亦谓迫也，'緧''鰌'皆'遒'借字。"

8. 《释天》："震，战也。"先谦曰："'震''战'双声字。"

9. 《释天》："金，禁也，气刚毅能禁制物也。"毕沅曰：今本作"其气刚严，能禁制也"。据《御览》引改。《白虎通》云："金在西方，西方者，阴始起，万物禁止。金之为言禁也。"先谦曰："吴校无'物'字。"

10. 《释天》："陰，毕沅曰："《说文》：'霒，云覆日也。从云，今声。'古文省作'仌'，今经典通用'阴'。"而风曰瞹。毕沅曰："《尔雅》亦云。《诗》云：'终风且瞹。'毛传义亦同。"瞹，翳也，言云气掩翳日光，使不明也。"毕沅曰："今本及《北堂书钞》引皆无'云气'二字，据《一切经音义》引增。"先谦曰："吴校无'云气'二字。"

11. 《释山》："陵，隆也，体隆高也。"毕沅曰："隆，《广韵》引作'崇'，唐时避明皇帝讳也。"先谦曰："'陵''隆'双声。汉'林虑'避讳改'隆虑'，亦用双声字改也，'林''陵'音同。"

12. 《释山》："山脊曰冈。冈，亢也，在上之言也。"先谦曰："'冈''亢'叠韵。《说文》：'亢，颈也。'颈于人身在上。《广雅·释诂》：'亢，高也，极也。'《易》：'亢龙。'王肃注：'穷高曰亢。'《后汉·梁冀传》注：'亢，上极之名也。'"

13. 《释丘》："丘高曰阳丘，体高近阳也。"先谦曰："《左·文十六年传》：'楚大饥，戎伐其西南，至于阳丘'。"

14. 《释丘》："宗丘，邑中所宗也。"毕沅曰："《僖十五年左传》曰：'败于宗丘。'"先谦曰："《礼·王制》'至于岱宗'疏：'宗者，尊也。'丘形高大，为一邑所宗，故曰宗丘。《左·昭十四年》传：'楚子使然丹简上国之兵于宗丘。'亦一宗丘也。"

15. 《释州国》："雍州，在四山之内。雍，翳也。"先谦曰："吴校'雍州'上有'古曰'二字，合上为一条。"

16. 《释州国》："并州，并，兼并也。"先谦曰："吴校'并，兼并也'作'西土兼北'。"

17. 《释州国》："冀州，亦取地以为名也。"_{先谦曰：}"吴校下有'冀，易也'句。"

18. 《释州国》："冀州……其地有险有易，_{先谦曰：}"吴校有'也又'二字。"帝王所都，乱则冀治，弱则冀强，荒则冀丰也。"

19. 《释州国》："楚，辛也。"_{先谦曰："吴校作'楚，楚也'。"}

20. 《释州国》："其地蛮多，而人性急，数有战争，相争相害。"_{先谦曰："吴校无'相争'二字。"}

21. 《释州国》："周，地在岐山之南，其山四周也。"_{先谦曰："吴校作'周，周也，地在岐山之南，其山四周也'。"}

22. 《释州国》："齐，齐也，地在勃海之南，勃齐之中也。"_{先谦曰："吴校下'勃'作'如'，是。"}

23. 《释州国》："吴，虞也。"_{先谦曰："吴校句上有'吴越'二字。"}

24. 《释州国》："太伯让位而不就归，封之于此，虞其志也。"_{先谦曰："吴校乙'就归'二字。"}

25. 《释州国》："越，夷蛮之国。"_{先谦曰："吴校合上为一条。"}

26. 《释州国》："此上十三国，上应列宿。"_{先谦曰："'此上十三国'，吴校作'此十二国'。"}

27. 《释州国》："各以其地及于事宜，制此名也，至秦改诸侯置郡县，_{先谦曰："'至秦'下，吴校别自为一条。"}随其所在山川土形而立其名。汉就而因之也。"

28. 《释州国》："河内，河水从岐山而南，从雷首而东，从谭首而北，郡在其内也。"_{先谦曰："吴校'谭首'作'覃怀'。"}

29. 《释州国》："国城曰都。都者，国君所居，_{先谦曰："吴校'国君'上有'言'字，无上'都者'二字。"}人所都会也。"

30. 《释州国》："万二千五百家为乡。乡，向也，众所向也。"_{先谦曰："《论语·阳货篇》'乡原'，《集解》引周生烈云：'乡，向也。'"}

31. 《释形体》："毛，貌也，冒也，在表所以别形貌，且以自覆冒也。"_{先谦曰："《说文》：'毛，眉发之属。'又云：'须，面毛也。'此皆所以别形貌也。'覆}

冒'之义，当专属发言之。"

32.《释形体》："皮，被也，被覆体也。"先谦曰："《说文》：'被，寝衣也。'引伸为'被覆衣著'之名。见《左·襄三年》疏，此特借同声为训。"

33.《释形体》："骨，滑也，骨坚而滑也。"先谦曰："吴校删下'骨'字。"

34.《释形体》："筋，靳也。肉中之力，气之元也。"先谦曰："吴校删'也'字。"

35.《释形体》："靳固于身形也。"先谦曰："《后汉·崔寔传》'悔不小靳'注：'靳，固惜之也。'是靳有固义，固惜犹言坚，不肯坚固，义亦同也。《素问·五藏生成论》注：'筋，气之坚结者。''坚结'即'靳固'意，'靳固'盖汉世恒言。人身骨大则生筋，所以结束百骸。故云'靳固于身形也'。"

36.《释形体》："膜，幕也，幕络一体也。"先谦曰："《说文》：'膜，肉间胲膜也。'在皮里肉间，周于一体，故云'幕络一体'。'幕''络'叠韵为训，二字意亦相近。《文选·啸赋》注：'幕，漫也。'《西都赋》注引《方言》：'络，绕也。言膈膜漫绕于一身也。'本书《释衣服》：'幕，络也。'又《释床帐》：'幕，幕络也，在表之称也，亦作络幕。'《文选·蜀都赋》刘注：'络幕，施张之貌也，亦作络縸。'见《后汉·马融传》注，皆二字连文。"

37.《释形体》："汁，泲也，泲泲而出也。"先谦曰："吴校'泲汁'二字互乙，删上'也'字。"

38.《释形体》："津，进也，汁进出也。"先谦曰："《一切经音义》二十五引《三苍》云：'津，液汁也，液汁出在外，乃可见。'《周礼·大司徒》'其民黑而津'注：'津，润也。''津''进''津''润'并叠韵为训。"

39.《释形体》："汗，涣也，出在于表，涣涣然也。"先谦曰："《汉书·刘向传》：'汗，出而不反者也。'涣字，字书所无，疑是涣涣之误，易言涣汗，又叠韵字。《说文》：'涣，流散也。'《诗·溱洧》'方涣涣兮'传：'涣涣，盛也。'以释'汗'字，于义亦安。"

40.《释形体》："髓，遗也。遗，濆也。"先谦曰："吴校作'髓，濆也，濆濆然也'。"

41.《释形体》："髮，拔也，拔擢而出也。"先谦曰："《说文》：'拔，擢也。'《一切经音义》三引《苍颉篇》：'拔，引也。'拔擢而出，犹言引而出之。"

42.《释形体》："囟，峻也，所生高峻也。"_{先谦曰}："吴校'囟'作'顄'。"

43.《释形体》："首，始也。"_{先谦曰}："吴校此上有'又曰首'三字，合上为一条。"

44.《释形体》："角者，生于额角也。"_{先谦曰}："吴校删'者'字。"

45.《释形体》："颐，养也。"_{先谦曰}："吴校句首有'颐，颐也'三字。"

46.《释形体》："颐……或曰牙车，牙所载也。"_{先谦曰}："《左传》杜注：'辅颊，辅车，牙车。'"

47.《释形体》："颐……或曰颊车。"_{先谦曰}："《灵枢经·脉篇》：'循颊车上耳前。'"

48.《释形体》："耳，耏也。耳有一体，属著两边，耏耏然也。"_{先谦曰}："《汉书·高纪》注：'耏，颊旁毛也。'耳亦在颊两旁，故借叠韵之'耏'字状之。"

49.《释形体》："吻，免也。"_{先谦曰}："《文选·文赋》注引《苍颉篇》：'吻，唇两边也。'《说文》：'吻，从勿声。'凡从勿从免之字，音近义通，故《礼》《礼器》《祭义》注云：'勿勿犹勉勉也。'成国以'免'训'吻'，亦取声近字。"

50.《释形体》："吻……因以为名也。"_{先谦曰}："吴校无'因以为名'四字。"

51.《释形体》："咽，咽物也。"_{先谦曰}："此文疑当云：'咽，咽也，言咽物也。'脱去'咽也言'三字，则文义不完，与本书例亦不合。《说文》：'咽，嗌也。'《汉书·息夫躬传》注：'咽，喉咙。因食物由咽入，故吞物亦谓之咽。'《苏武》《匈奴》二传并云：'咽，吞也。'是其证矣。《史记·扁鹊仓公传》正义云：'咽，嚥也，言咽物也。'即用此文。后世以'咽'为喉咙专称，别造'嚥'字为'吞物'之名，古书所无。"

52.《释形体》："咽……或谓之嗌。"_{先谦曰}："吴校'嗌'作'婴'。"

53.《释形体》："在颐下缨理之中也。"_{先谦曰}："喉下一义是也。《释首饰》云：'缨，颈也。'此借'婴'为'缨'，而训曰'颈'也。《释疾病》云：'瘿，婴也。在颈婴喉也。'以'婴喉'为'咽喉'，与此'咽'谓之'婴'义可互证。恐人不明其部位，故增'颐下'二字明之。若释为'胸前'，则去'颐下'太远矣。"

54.《释形体》："又谓之嗌，气所流通，阨要之处也。"_{先谦曰}："'气所流通'上当有'嗌，阨也'三字。段氏《音均表》：'益'声'厄'声之字，同在古音十六部。"

55.《释形体》："胸，犹啌也，啌气所冲也。"先谦曰："'啌'字，《说文》所无。"

56.《释形体》："臆，犹抑也，抑气所塞也。"先谦曰："'臆'从'意'声，'意''抑'音义古通，故以'抑'训'臆'。"

57.《释形体》："肝，干也。于五行属木，故其体状有枝干也，凡物以木为干也。"先谦曰："吴校'凡物'上有'亦取'二字。"

58.《释形体》："脬，鞄也。鞄，空虚之言也。"先谦曰："《说文》：'鞄，柔革工也。'柔革所为物，治鼓之用最大，鼓体空虚，故以'鞄'为'空虚'之言，盖汉世常语也。"

59.《释形体》："膈，塞也。"先谦曰："吴校'塞也'作'隔也'。"

60.《释形体》："肘，注也，可隐注也。"先谦曰："从主声之字多与肘合韵。'姓''黈'是也。'肘''主'双声，故以'注'训'肘'，《庄子·齐物论》释文：'隐，冯也。'"

61.《释形体》："尻，廖也，尻所在廖牢深也。"先谦曰："吴校删'尻'字。"

62.《释形体》："足后曰根，在下方着地，一体任之，象木根也。又谓之踵。"先谦曰："吴校'方'作'旁'，无'又谓之踵'四字，下另为一条。"

63.《释姿容》："妍，研也，研精于事宜，则无蚩缪也。"先谦曰："《广雅·释诂》：'妍，好也。'《方言》郭注：'俗通呼好为妍。'《说文》：'妍，礴也。'引申之为'凡事研审'之义。《文选·东京赋》：'研核是非。'即'研精事宜'之谓，无蚩缪则妍好矣。"

64.《释姿容》："超，卓也，举脚有所卓越也。"先谦曰："《说文》：'超，跳也。''卓，高也。''越，度也。'举足高而度越人前，此'超'之本义。"

65.《释姿容》："僵，正直畾然也。"先谦曰："《说文》：'畾，界也。从田，三其界画也。'僵卧不动，疑若有界画限止之而不过者，故曰'畾然'。本书《释用器》：'齐人谓锄柄曰櫑，櫑然正直也。'下'櫑'字亦当为'畾'。"

66.《释姿容》："据，居也。"毕沅曰："《说文》：'居，蹲也。'是即'踞'字。"先谦曰："《晋语》：'今不据其安。'韦注：'据，居也。'《左·僖公五年传》：'神必据我。'杜注：'据，犹安也。'是'据'为'安居'之义。毕说似非。"

67.《释姿容》："听，静也，静然后所闻审也。"先谦曰："《说文》：'静，审也。'《楚词·招魂》王注：'无声曰静。'"

68.《释姿容》："拜，于丈夫为跌，跌然诎折，下就地也。于妇人为扶，自抽扶而上下也。"先谦曰："吴校'扶'作'拔'。"

69.《释姿容》："攀，翻也，连翻上及之言也。"先谦曰："'连翻上及'谓'攀援'也。"

70.《释姿容》："撮，捽也，击捽取之也。"先谦曰："《说文》：'撮，两指撮也。'《汉书·律历志》注引应劭云：'三指撮之也。'《一切经音义》引《字林》云：'撮，手小取也。'《汉书·贡禹传》颜注：'捽，拔取也。'"

71.《释姿容》："批，裨也，两相裨助，共击之也。"先谦曰："'相'，吴校作'指'。据下云'四指广博'作'指'，是。"

72.《释姿容》："挟，夹也，在傍也。"先谦曰："吴校下句作'夹在旁也'。《吴语》韦注：'在腋曰挟。'"

73.《释姿容》："怀，回也，本有去意，回来就己也。"先谦曰："《方言》：'来，自关而东，周郑之郊，齐鲁之间，或曰怀。'《说文》：'回，转也。'成国借'回'声定'怀'义，故云：'本有去意。'"亦言归也，来归己也。"

74.《释姿容》："挈，结也；结，束也，束持之也。"先谦曰："吴校删'束也'二字。"

75.《释姿容》："擁，翁也，翁抚之也。"先谦曰："《史记·夏侯婴传》集解引苏林云：'南阳谓抱小儿曰雍树。''雍''擁'字同，正'翁抚'之义。"

76.《释姿容》："摩娑，犹末杀也，手上下之言也。"先谦曰："今人读'末杀'为平声，乃'摩抚'之意。其音即为'摩娑'，知声义通转也。"

77.《释姿容》："蹹，藉也，以足藉也。"先谦曰："吴校'足藉'下有'之'字。"

78.《释姿容》："偃蹇，偃偃息而卧，不执事也。蹇，跛蹇也。"先谦曰："吴校删'也'字。"

79.《释姿容》："偃蹇……病不能作事，今托病似此也。"先谦曰："郭璞《客傲》：'庄周偃蹇于漆园。'即偃卧不事事之意。《后汉·蔡邕传》：'董卓闻邕名，辟之，称疾不就。卓怒曰：我力能族人。蔡邕遂偃蹇者，不旋踵矣。'此'偃蹇'正谓其'托病'也。

《左·哀六年传》杜注：'偃蹇，骄傲。'又引申之义。"

80.《释姿容》："沐秃，沐者发下垂，秃者无发，皆无上貌之称也。"
先谦曰："本书《释疾病》：'秃，无发沐秃也。'据此，沐秃二字，虽可分疏，在汉时俗谚仍总言秃耳。《颜氏家训》云：'或问：俗名傀儡子为郭秃，有故实乎？答曰：《风俗通》云：诸郭皆讳秃，当是前代有病秃者，滑稽戏调，故后人为其象。'"先谦案："今傀儡皆无发，然则'郭秃'即'沐秃'，'沐''郭'音转字变耳。"

81.《释姿容》："卦卖。卦，挂也，自挂于市而自卖边。"先谦曰："《易·乾卦》疏引《易纬》云：'卦者，挂也，言悬挂物象以示于人，故谓之挂。'《系辞》'再扐而后挂'，《释文》：'挂，京本作卦。'《特牲馈食礼》注：'古文挂作卦。'是'卦''挂'字义并通，故'卦'可训'挂'，'卦''卖'又叠韵字。"

82.《释姿容》："卦卖……自可无惭色，言此似之也。"先谦曰："自可，自许可也。"

83.《释姿容》："瘦数，犹局缩，皆小意也。"先谦曰："瘦，吴校作'瘆'。"

84.《释姿容》："啮挈。挈，卷挈也；啮，噬啮也。语说卷挈，与人相持啮也。"先谦曰："吴校作'与人相持如噬啮也'。"

85.《释姿容》："脉摘，犹谲摘也。"先谦曰："吴校'犹谲摘也'作'言诇摘'。"

86.《释姿容》："贷骏，先谦曰：'贷，俗音转作'默'，字书不载。《广雅·释诂》：'骏，痴也。'"贷者，言以物贷予。"

87.《释姿容》："贷骏……骏者，言必弃之不复得也。"先谦曰："吴校无'言'字。"

88.《释姿容》："觉，告也。"先谦曰："《说文》：'觉，寤也。'此卧觉本义，引申之为'凡有发悟'之称。《孟子》'使先觉觉后觉'是也。卧觉之后，昭然明悟，与'告语使觉者'同意，故训'觉'为'告'，亦取叠韵字。"

89.《释姿容》："欠，钦也，开张其口，唇钦钦然也。"先谦曰："吴校作'开张其口作声，钦钦然也'。《广雅·释训》：'钦钦，声也。'"

90.《释长幼》："人始生曰婴儿，胸前曰婴，抱之婴前。"先谦曰："'婴'无'胸前'义。此借'婴'为'膺'。《说文》：'膺，胸也。'《诗·采芑》传：'钩膺，樊缨也。'《礼·内则》'衿婴綦屦'，《释文》：'婴，又作缨。'是'婴''缨''膺'三字义训相通。故'婴'可借为'膺'。"

91.《释长幼》："或曰嫛婗，嫛，是也，言是人也；婗，其嗁声也，故因以名之也。"先谦曰："《说文》'嫛'下云'婗也，从女，殹声'。'婗'下云'嫛婗也。从女，兒声'。'嫛婗'总谓小儿耳。《广雅·释亲》：'婗，子也。'亦作繄倪。《孟子·梁惠王下》'反其旄倪'注：'倪，弱小繄倪者也。'《诗·雄雉》笺：'繄，犹是也。'此借嫛为繄。《荀子·富国篇》'呃呕之'，杨注：'呃呕，婴儿语声也。'此又借'婗'为'呃'也。"

92.《释长幼》："女……青徐州曰娪。娪，忤也，始生时，人意不喜，忤忤然也。"先谦曰："吴校'州'作'人'。"

93.《释长幼》："儿始能行曰孺子，孺，濡也，言濡弱也。"先谦曰："凡从需之字多有弱义，'孺弱''儒弱''懦弱''濡弱'皆是。'濡'则未有不弱者，《礼·儒行》疏亦云：'儒者，濡也。'"

94.《释长幼》："九十曰鲐背……或曰冻梨，皮有班点，先谦曰："吴校'班'作'斑'。"如冻梨色也。"

95.《释亲属》："父，甫也，始生己也。"先谦曰："吴校'始'上有'甫，始也'三字，是。"

96.《释亲属》："母，冒也，含生己也。"先谦曰："吴校'含'上有'冒，含也'三字，此以意增之。但'冒'无'含'义，无此三字，上下文又不贯，俟考。"

97.《释亲属》："祖，祚也，毕沅曰："祚，俗字，当作'胙'。"祚，物先也。"先谦曰："'祚''胙'同字。毕说是也。'祖''祚'一声之转，故释'祖'为'祚'。《说文》：'胙，祭福肉也。'祭余之物，人方食之，故'胙'为物之先，犹'祖'为人之先。"

98.《释亲属》："高祖，高，皋也，最在上，皋韬诸下也。"先谦曰："'皋韬'犹'皋牢'也。《荀子·王霸》篇：'牢天下而制之。''皐'与'皋'同。《后汉·马融传》：'皋牢陵山。''皋牢''皋韬'并双声叠韵字，皆'覆冒'意也。'皋'又与'橐'通。'橐韬'亦'覆冒'意，二字见《毛诗·彤弓》传、《士丧礼》《大司徒》郑注。"

99.《释亲属》："妹，昧也，犹日始入，历时少，尚昧也。"先谦曰："吴校'始入'作'始出'，详语意作'出'，是。"

100.《释亲属》："妻之父曰外舅，母曰外姑。言妻从外来，谓至己家为归，故反以此义称之。"先谦曰："吴校无'义'字。"

101.《释亲属》："甥者，生也。"先谦曰："吴校无'者'字。"

102. 《释亲属》："嫂，叟也。叟，老者称也。"先谦曰："吴校'老'上无'叟'字。"

103. 《释亲属》："叔，少也，幼者称也。叔，亦倜也。"先谦曰："吴校作'亦言倜也'。"

104. 《释亲属》："夫之兄曰公。公，君也。君，尊称也。"先谦曰："《释诂》：'公，君也。'《聘礼》郑注：'今文公为君。'是'公''君'字亦通。《说文》'君，尊也'，施之于家，遂有'严君''男君''女君'之称，皆'奉为宗主'之义。"

105. 《释亲属》："俗间曰兄章。章，灼也，章灼敬奉之也。"先谦曰："上文'青徐人谓兄为荒'，'荒''章'叠韵。《吕览·勿躬篇》'名号已章矣'高注：'章，明也。'《广雅·释训》：'灼灼，明也。'据《尔雅》郭注：'以俗呼兄钟为兄伀之转。'颜师古又以'呼钟为章之转'（见下），实则'兄伀''章钟'皆双声递变，成国缘文定训耳。"

106. 《释亲属》："自肃齐也，俗或谓舅曰章，又曰伀。"先谦曰："《汉书·广川王去传》'背尊章嫖以忽'颜注：'尊章，犹言舅姑也。'今关中俗妇呼'舅姑'为'钟'。'钟'者，'章'声之转也。据此则呼'舅'者，并以之呼'姑'，视汉俗又微变矣。"

107. 《释亲属》："长妇谓少妇曰娣。娣，弟也，己后来也。"先谦曰："此主长妇谓之者，言己后来也。疑本作'后己来也'。文误倒耳。"

108. 《释亲属》："或曰先后，以来先后弟之也。"王启原曰："弟之也，吕本作'言之也'。"先谦曰："'弟之'谓'次第之'也。吕本非。"

109. 《释亲属》："青徐人谓长妇曰稙长，禾苗先生者曰稙，取名于此也。"先谦曰："吴校'稙'下无'长'字，是，此衍。"

110. 《释亲属》："荆豫人谓长妇曰㜅。㜅，祝也。"先谦曰："本书《释言语》：'祝，属也。''祝''㜅''属'皆同声字，故取以转训。"

111. 《释亲属》："妇之父曰婚，言壻亲迎用昏，又恒以昏夜成礼也。"先谦曰："吴校'又'作'女'。"

112. 《释亲属》："姪娣曰媵。媵，承也，承事嫡也。"先谦曰："《说文》无'媵'字，经文或借'腾'为之，然此字当有，疑《说文》脱也。'媵'从'朕'声，故与'承'音近。"

113. 《释亲属》："匹，辟也，往相辟耦也。"先谦曰："《庄子·庚桑楚篇》：'形之与形亦辟矣'，《释文》引崔注：'辟，相著也。'与此'辟'义近。今则但知'匹耦'，无言'辟耦'者矣。"

114.《释亲属》："庶，摭也，拾摭之也，谓拾摭微陋待遇之也。"先谦曰："《说文》：'庶，屋下众也。''摭，拾也。'即'拓'之或体。《方言》：'摭，取也。'庶妾取之甚易，故以'摭'释之。"

115.《释亲属》："无妻曰鳏。鳏，昆也。"先谦曰："《说文》：'昆，同也。从日从比。'又：'㒪，周人谓兄曰㒪，从弟从㒪。''鳏'亦从鱼㒪声，故取从'㒪'声同之字为训，此'昆'字当作'㒪'。"

116.《释亲属》："昆，明也。"先谦曰："本书《释亲属》同。《王制》'昆虫未蛰'注亦云：'昆，明也。'"

117.《释亲属》："愁悒不寐，目恒鳏鳏然也。"先谦曰："吴校'然'下补'明'字，是。"

118.《释言语》："敏，闵也，进叙无否滞之言也，故汝颍言敏如闵也。"先谦曰："吴校'叙'作'取'。"

119.《释言语》："厚，后也，有终后也。"先谦曰："俗薄则罔终，惟厚者能有终后也。"

120.《释言语》："薄，迫也，单薄相逼迫也。"先谦曰："轻少之'薄'，与逼近之'薄'本二义，此通为一。"

121.《释言语》："良，量也，量力而动，不敢越限也。"先谦曰："贾子《道术篇》：'安柔不苟谓之良。'与此义近。"

122.《释言语》："言，宣也，宣彼此之意也。"先谦曰："《大戴礼记·四代篇》：'发志为言。'《说文》：'直言曰言，论难曰语。'宣达彼此之意，是直言也。"

123.《释言语》："抴，泄也，发泄出之也。"先谦曰："此以世声之字通训。《荀子·非相篇》：'牵引则用抴。'《说文》：'抴，捈也。''捈，卧引也。'发泄出之，亦引而伸之之意，故'抴''泄'义可相通。《一切经音义》廿五引《广雅》云：'泄，发也。'《文选·魏都赋》注：'泄，犹出也。'"

124.《释言语》："拨，播也，播使移散也。"先谦曰："吴校作'亦言播也，播使移散也'，合上为一条。"

125.《释言语》："视，是也，察其是非也。"先谦曰："'视，是也'，吴校作'亦言是也'，合上为一条。"

126.《释言语》："取，趣也。"先谦曰："吴校云'下脱舍一条'。"

127.《释言语》："名，明也。"先谦曰："《荀子·正名篇》：'制名以指实，上以明贵贱，下以辨同异，是名训为明之义也。'作'鸣'亦通。《繁露·深察名号篇》：'鸣而命施谓之名，名之为言鸣与命也。'据下文作'明'为是。"

128.《释言语》："善，演也，演尽物理也。"先谦曰："'善''演'叠韵。《左·昭二年传》孔疏：'演谓为其辞以演说之。'《文选·西都赋》注引《苍颉篇》：'演，引也。'其言引伸物理，莫不曲尽，斯为善矣。"

129.《释言语》："好，巧也，如巧者之造物，无不皆善，人好之也。"先谦曰："《说文》：'巧，技也。'专主造物者言。"

130.《释言语》："迟，颓也，不进之言也。"先谦曰："《说文》：'迟，徐行也。'《易·系辞下》传虞注：'颓，安也。'"

131.《释言语》："逆，遌也，遌不从其理。"先谦曰："吴校作'言不从其理'。"

132.《释言语》："则生殿遌不顺也。"先谦曰："'殿''遌'二字又见本书《释姿容》。《释宫室》篇亦作'殿鄂'，'鄂''遌'字同。"

133.《释言语》："辱，衄也，言折衄也。"先谦曰："《说文》：'衄，鼻出血也。'引伸为'凡挫伤'之称。《文选·吴都赋》注：'衄，折伤也。'《奏弹曹景宗》注：'衄，折挫也。'辱人者，挫伤之，亦谓之折辱。《史记·项羽纪》'轻折辱秦吏卒'是也。故辱言折衄矣。"

134.《释言语》："祸，毁也，言毁灭也。"先谦曰："'祸'之为'毁'，其义自明，或以二字声不近为疑。案《诗·汝坟》释文：齐人谓火为燬。《释言》孙炎注：方言有轻重，故谓火为燬也。案'毁''燬'声同，'火''祸'声同，'火''燬''祸''毁'，齐人并以为声近字，故取以为训，成国用其乡音也。"

135.《释言语》："进，引也，引而前也。"先谦曰："《诗·常武》笺：'进，前也。'《说文》：'丨，上下通也。引而上行读若囟，引而下行读若退。'徐锴云：'中，从丨，引而上行，音进。'案：'非特音同，义亦与此文相发。'"

136.《释言语》："健，建也，能有所建为也。"先谦曰："《秦策》韦昭注：'健者，强也。'《广雅·释诂》：'建，立也。''立功''立事'皆谓之'立'（见《后汉·周章传》注）。古人'强而仕'谓'年力有为'也。"

137.《释言语》："曲，局也，相近局也。"先谦曰："陶靖节诗：'只鸡招近局。''近''局'二字本此。案：'局即近也。'《文选·魏文帝与吴质书》：'途路虽局，官守有限。'李注：'《尔雅》曰：局近（盖《小尔雅》文），局训近，曲亦训近。'故成国以'局'释'曲'。靖节《游斜川诗序》云：'与二三邻曲同游斜川。'又诗云：'邻曲时时来。'邻曲若今言邻近矣。"

138.《释言语》："束，促也，相促近也。"先谦曰："《说文》：'促，迫也，迫，近也'。《广雅·释诂》：'促，近也。'是'促''近'义通，束缚则见迫于人，故'束'训为'促'。晋司马彪诗：'悾偬见迫束。''迫束'犹'束促'也。唐韩愈诗：'岂必局束为人靰。''局'之言'近'，'局束'犹'促近'也。"

139.《释言语》："政，正也，下所取正也。"先谦曰："《说文》：'政，正也。'《论语·为政》皇疏：'政谓法制也。'《周礼·夏官·序官》注：'政所以正不正者也。'"

140.《释言语》："难，惮也，人所忌惮也。"先谦曰："《说文》：'惮，忌难也。一曰难也。'《广雅·释诂》：'惮，难也。'转相训。"

141.《释言语》："吉，实也，有善实也。"先谦曰："'吉''实'叠韵为训。《文选·东京赋》薛注：'吉，福也。'《太祝》'三曰吉祝'先郑注：'吉祝，祈福祥也。'为善得吉，是有善实，故训'吉'为'实'。古称'积善余庆，作善降祥'，即此义也。因善必获吉，故'吉''善'又互相训。《说文》：'吉，善也。''善，吉也。'"

142.《释言语》："翱，敖也，言敖游也。"先谦曰："《淮南·览冥训》高注：'翼一上一下曰翱。'此'翱''敖'叠韵为训。《说文》：'敖，出游也。'《广雅·释训》：'翱翔，浮游也。'"

143.《释言语》："出，推也，推而前也。"先谦曰："凡物之出，若有'推而前进'者，故以'推'训'出'。《广韵》：'出在六术，推在六脂。'段氏《音韵表》同在十五部。盖古音读'出'若'吹'，与'推'音叶，'吹''出'双声。《诗·雨无正》以'出'韵'瘁'，后人故有'尺伪一切'也。"

144.《释言语》："始，息也，言滋息也。"先谦曰："《汉书·宣纪》注：'息谓生长也。'《律历志》'阳气伏于地下，始著为一。'万物萌动，有生长之义，故以'息'训'始'。段氏《音韵表》'始''息'同在弟一部。"

145.《释言语》："息，塞也，言物滋息塞满也。"先谦曰："段氏《音韵表》'息''塞'同在弟一部。"

146.《释言语》："密，蜜也，如蜜所涂，无不满也。"先谦曰："'密'字经典有数义，此则'密比'之谓也，故云：'如蜜涂，皆满。'"

147.《释言语》："成，盛也。"先谦曰："'成''盛'声义互通，见于经典者甚多，故'成'训为'盛'。"

148.《释言语》："省，瘦也，膗瘦约少之言也。"先谦曰："吴校'瘦'作'瘠'。"

149.《释言语》："闲，简也，事功简省也。"先谦曰："《汉书·公孙宏传》'今事少闲'注：'闲谓有空隙也。'《邹阳传》'乘闲而请'注：'闲为空隙无事之时。'《曲礼》'少闲'疏：'闲为清闲也。'皆与'事功简省'之义相应。《说文》：'闲，阑也。''闲，阑也。从门，中有木。'非'闲暇'之义。今人分'间''闲'为二字，又读'间隙'之'间'为去声，而以'清暇'之'闲'为'闲'，皆非古义。"

150.《释言语》："廉，敛也，自检敛也。"先谦曰："吴校'廉'下补'检也'二字。"

151.《释言语》："骂，迫也，以恶言被迫人也。"先谦曰："'骂'从'马'声，'迫'从'白'声，段氏《音韵表》皆在古音弟五部，足证汉音去古不远。《广雅·释诂》：'被，加也。'"

152.《释言语》："詈，历也，以恶言相弥历也。亦言离也，以此挂离之也。"先谦曰："'詈''历''离'并以声转之字为训，'弥历'未详何语。盖'凌藉'意。《汉书·司马相如传》'下碛历之坻'注：'碛历，不平也。'恶言者，不平之语，'弥历'或与'碛历'义近。本书《释天》：'霡霂，小雨也。'言霡历霈渍，恶言如雨之霈渍人，'弥历'或即'霡历'之音变字，'挂'疑'诖'之误。《说文》：'诖，误也。'《广雅·释诂》：'诖，欺也。'以恶言欺误人而离之。"

153.《释言语》："助，乍也，乍往相助，非长久也。"先谦曰："助从且声，与乍声之字，段氏《音韵表》皆在古音弟五部，今助字开口呼之，则得与乍叶之音矣。"

154.《释言语》："啜，惙也，心有所念，惙然发此声也。"毕沅曰："段云此'啜'字当是'咄'之误。"先谦曰："'啜'非'咄'字之误。《诗·中谷有蓷》'啜其泣矣'，毛传：'啜，泣貌'，成国正为此诗作注。《说文》：'惙，忧也。'"

155.《释言语》："噫，懿也，懿念之，故发此声噫之也。"先谦曰："吴校删'噫之'二字。《书·金縢》疏：'噫者，心不平之声。'亦通作懿。《诗·瞻卬》笺：

'懿，有所痛伤之声也。'"

156. 《释饮食》："咀，藉也，以藉齿牙也。"先谦曰："《一切经音义》廿二引《三苍》云：'咀，含味也。'《文选·游天台山赋》注：'以草荐地曰藉。'含物在齿牙之上，故亦曰：'藉也。'犹言在口中谓之'藉口'矣（见《左·成二年》传）。"

157. 《释饮食》："嚼，削也，稍削也。"先谦曰："《一切经音义》六引《通俗文》'咀嚼曰嚼'，《易》'剥床以辨'疏云：'初六蔑贞，但小削而已。小犹稍。'"

158. 《释饮食》："浆，将也，饮之寒温、多少，与体相将顺也。"先谦曰："《孝经》'将顺其美'注：'将，行也。'《广雅·释诂》：'将，养也。'"

159. 《释饮食》："汤，热汤汤也。"先谦曰："《说文》：'汤，热水也。'"

160. 《释饮食》："脯炙，以饧蜜、豉汁淹之，脯脯然也。"先谦曰："'脯脯'无义，'淹之'六字吴校作'淹而炙之如脯然也'。"

161. 《释饮食》："脂炙，脂，衔也。衔炙，细密肉。"先谦曰："吴校云：'衔炙'二字衍，'密'作'切'。"

162. 《释饮食》："貊炙，全体炙之，各自以刀割，出于胡貊之为也。"先谦曰："即今之'烧猪'。"

163. 《释饮食》："韩羊、韩兔、韩鸡，本法出韩国所为也。"先谦曰："此三韩国所为，若今言高丽肉之比。"

164. 《释饮食》："脬，赴也，夏月赴疾作之，久则臭也。"先谦曰："今取脬吹张实肉，和香味其中，干之，名香肚。苏州、粤东皆有之，当是也。"

165. 《释饮食》："鲍鱼，鲍，腐也，埋藏淹，使腐臭也。"先谦曰："吴校'淹'作'奄'，下有'之'字。"

166. 《释采帛》："赤，赫也，太阳之色也。"先谦曰："吴校'太阳'上补'赫赫'二字。"

167. 《释采帛》："白，启也，如冰启时色也。"先谦曰："'冰启'，《礼·月令》所谓'开冰荐庙也'，'白''启'声不近，俟考。"

168. 《释采帛》："黑，晦也，如晦冥时色也。"先谦曰："'黑'则未有不'晦'者，本书《释水》：'海，晦也，其色黑而晦也。'"

169. 《释采帛》："缥，犹漂也，漂漂浅青色也。"先谦曰："《尔雅》'翠微'邢疏：'山气青缥色，故曰翠微也。'"

170. 《释采帛》："缥……有碧缥，有天缥，有骨缥，各以其色所象言之也。"先谦曰："《说文》：'碧，石之青美者。'《汉书·司马相如传》注：'谓石之青白色者也。''天缥'若今俗言'天青色'。'骨缥'则'青黄色'矣，隋《礼仪志》所谓'黄缥'也。"

171. 《释采帛》："疏者，言其经纬疏也。"先谦曰："下别有'疏'一条。"

172. 《释采帛》："绢，縥也，其丝縥厚而疏也。"先谦曰："《广雅·释器》：'绡谓之绢。'《说文》：'绡，生丝也。'《一切经音义》十五引《通俗文》云'生丝缯曰绡，合并丝缯曰缣'之训，证以本书可知'绢''缣'之别。《汉书·外戚传》注：'缣即今之绡也。'解殊未晰。"

173. 《释采帛》："素，朴素也，已织则供用，不复加功饰也；又物不加饰，皆目谓之素，此色然也。"先谦曰："'皆目谓之素'，吴校作'皆目之为素'。"

174. 《释采帛》："绨，似蛴虫之色，绿而泽也。"先谦曰："《急就篇》颜注：'绨，厚缯之滑泽者。'《汉书·外戚传》有'绿绨方底'，与成国所言'绿而泽'相证合。汉文帝衣皂绨，后世则绛绀青白绯紫黄绨不一其色，成国举一状之耳。"

175. 《释采帛》："罗，文罗疏也。"先谦曰："吴校作'文疏罗罗也'。"

176. 《释采帛》："纺粗丝织之曰疏。疏，寥也，寥寥然也。"先谦曰："与上条'言其经纬疏也'同意。《说文》'寥'作'廫'，云'空虚也'。"

177. 《释采帛》："棉，犹湎湎，柔而无文也。"先谦曰："《礼·玉藻》疏：'好者为棉，恶者为絮。''湎'本训为'沉于酒'，此假以为状。《诗·荡》疏：'湎者，颜色湎然齐一之辞。'《汉书·叙传》：'湎湎纷纷。'借义亦同。"

178. 《释采帛》："纶，伦也，作之有伦理也。"先谦曰："本书《释水》：'沦，伦也，水文相次有伦理也。'与此同。知本书不尽依《说文》。"

179. 《释采帛》："絮，胥也，胥久能解落也。"先谦曰："《说文》：'絮，敝棉也。''胥'与'须'同。《诗·桑扈》疏：'胥、须，古今字。'宋陈道人刊本'能'作'故'。"

180. 《释首饰》："纚，以韬发者也，以纚为之，因以为名。"先谦曰："吴校句末有'也'字。"

181. 《释首饰》："帻，蹟也，下齐眉，蹟然也。或曰兑，上小下大，兑兑然也。或曰耿，耿折其后也。先谦曰："吴校作'帙'。"或曰帻，形似帻也，贱者所著曰兑发，作之裁裹发也。或曰牛心，形似之也。"

182.《释首饰》："帽，冒也。"先谦曰："《汉书·隽不疑传》注：'冒，所以覆冒其首'。"

183.《释首饰》："梳，言其齿疏也，数言比。"先谦曰："吴校作'数者曰比'。"

184.《释首饰》："比于梳，其齿差数也，比，言细相比也。"先谦曰："吴校'比言'作'亦言'。"

185.《释首饰》："疆，其性凝强，以制服乱发也。"先谦曰："此物与香泽诸物为类，又举其性为言，则非网巾明矣，盖若今妇女所用刷发之美人胶，俗称'铇花'者。"

186.《释衣服》："领，颈也，以壅颈也。亦言总领，衣体为端首也。"先谦曰："《荀子·劝学篇》：'若挈裘领。绌五指而顿之，顺者不可胜数也。''领'为衣之端首，引伸之为'总领事务'之称。成国以引伸之义释本字也。《汉书·魏相传》：'总领众职。'《杨恽传》：'总领从官。''总领'二字，汉世恒言。"

187.《释衣服》："袂，挈也；挈，开也，开张之以受臂屈伸也。"先谦曰："'袂''挈'叠韵。《左·僖五年传》疏：'袂属于幅，长于手，反屈至肘，则从幅尽于袖口，总名为袂。'《礼·深衣》注：'袂属幅于衣，绌而至肘，当臂中为节。'故云'开张之以受臂屈伸'。"

188.《释衣服》："祛，虚也。"先谦曰："案：旧说不同。《说文》：'祛，衣袂也。''袖，袂也。''袂，袖也。'此浑言之。《礼·儒行》注：'袂二尺二寸，祛尺二寸。'《诗·羔裘》释文：'祛，袂末也。'《遵大路》疏、《玉藻》疏同。《丧服记》注：'祛，袖口也。'案：袂末之训，较袖口为安，末兼肘下言之，不专指袖口也。《左·僖五年传》：'披斩其祛。'明是斩袖之一段，不专袖口。故疏为调停之词，云其袂近口，又别名为'祛'也。此一义也。《说文》'祛'下又云：'一曰袪，裹也。裹者，褱也。''褱'下云：'裹也。''褱'下云：'侠也。''侠''挟'字通。《国语》韦注：'在掖曰挟。'证以子生三年，然后免于父母之怀，是'祛'正在肘上掖下，切近胸前，可裹褱人物之处，与成国'祛，虚也'之训相合，此又一义也。自'懷抱'字行，而'裹褱'二字几废，即《说文》'祛'训'裹褱'之义，亦莫能明矣。"

189.《释衣服》："裾，倨也，倨倨然直。_{先谦曰：}"吴校'直'下补'也'字。"亦言在后，常见踞也。"

190.《释衣服》："玄端，其袖下正直端方，与要接也。"_{先谦曰：}"吴校'玄端'下补'玄衣也'三字，'袖'作'幅'。案：'玄端'见《司服·士昏礼》：'端，即玄衣也。'《乐记》云：'端冕。'《论语》云：'端，章甫。'"

191.《释衣服》："王后之上服曰袆衣。"_{先谦曰：}"吴校作'王后之六服有袆衣'。"

192.《释衣服》："袚，韠也；韠，蔽膝也，所以蔽膝前也……齐人谓之巨巾，田家妇女出至田野，以覆其头，故因以为名也。_{先谦曰：}"《小尔雅》'大巾谓之幦'，正谓'覆头之物'也。"又曰跪襜，跪时襜襜然张也。"

193.《释衣服》："绔，跨也，两股各跨别也。"_{先谦曰：}"《说文》：'绔，胫衣也。'故云'两股跨别也'，疑若今俗之'套裤'。"

194.《释衣服》："褶，袭也，覆上之言也。"_{先谦曰：}"'覆'疑当作'複'，'複'亦'重'也。"

195.《释衣服》："襦，属也，衣裳上下相联属也。荆州谓禅衣曰布襦，亦曰襜褕，_{先谦曰：}"吴校'亦曰'作'亦是也'，以'襜褕'字下属，别为一条，当从之。"言其襜襜宏裕也。"

196.《释衣服》："韝。"_{先谦曰：}"《汉书·东方朔传》'董君绿帻傅韝'注：'韝即今之臂韝也。'《后汉·马皇后纪》注：'韝，臂衣，今之臂韝，以缚左右手，于事便也。'《集韵》亦从巾，作幨。"

197.《释衣服》："韝……禅衣之无胡者也，言袖夹直形如沟也。"_{先谦曰：}"《说文》：'胡，牛颔垂也。'《汉书·郊祀志》'有龙垂胡'颜注：'胡谓颈下垂肉也。'本书《释形体》：'胡，互也，在咽下垂能敛互物也。'《礼·深衣》'袂圜以应规'注：'谓胡下也。'《释文》：'下垂曰胡。'盖'胡'是'颈咽皮肉下垂'之义。因引伸为'衣物下垂者'之称。古人衣袖广大，其臂肘以下袖之，下垂者亦谓之'胡'。今袖紧而直，无垂下者，故云'无胡也'。"

198.《释衣服》："中衣，言在小衣之外，大衣之中也。"_{先谦曰：}"晋繁钦《定情诗》：'何以结愁悲，白绢双中衣。'"

199.《释衣服》："裲裆，其一当胸，其一当背也。"_{先谦曰：}"案即唐宋时之'半背'，今俗谓之'背心'，当背当心，亦'两当'之义也。"

200.《释衣服》："帕腹，横帕其腹也。"先谦曰："《晋书·齐王冏传》：时谣曰：'著布袙（帊）腹，为齐持服。'《梁王筠诗》：'襦裆双心共一袜，袙腹两边作八襵。'合成国此释，犹可揣其遗制。《南史·周迪传》作'袜腹'。"

201.《释衣服》："膺，心衣抱腹而施钩肩，钩肩之间施一裆，以奄心也。"先谦曰："'奄''掩'同。案：此制盖即今俗之'兜肚'。"

202.《释衣服》："妇人上服曰袿，其下垂者，上广下狭，如刀圭也。"先谦曰："《释器注》《释文》：'袿，重缯为饰。'刀，泉刀也。锐上方下曰圭，言割缯饰袿，其下垂者，或如泉刀形，或如圭形也。"

203.《释衣服》："留幕，冀州所名大褶，下至膝者也。留，牢也；幕，络也，言牢络在衣表也。"先谦曰："'留''牢'双声。《淮南·本经训》注：'楚人读牢为雷。'雷，从留声。《士丧礼》注：'牢读为楼。''楼''留'声近，皆其证也。'络''幕'叠韵。"

204.《释衣服》："袍，丈夫著，下至跗者也。袍，苞也，苞内衣也。"先谦曰："《淮南子》：'楚庄王裾衣博袍。'《续汉志》或曰'周公抱成王宴居，故施袍'。"

205.《释衣服》："袍……妇人以绛作衣裳，上下连，四起施缘，亦曰袍，义亦然也。"先谦曰："《后汉·马后纪》：'朔望，诸姬朝请，望见后袍衣疏粗。'《续志》：'公主贵人妃以上，重绿袍。'又不仅以绛作。"

206.《释衣服》："幅，所以自逼束。"先谦曰："吴校句末有'也'字。"

207.《释衣服》："幅……今谓之行縢，先谦曰："以本书例推之，上文'幅'下当有'逼也'二字，此处亦当有'縢，腾也'三字。"言以裹脚，可以跳腾轻便也。"

208.《释衣服》："屩，草屦也。先谦曰："吴校无此句。"屩，蹻也，出行著之，蹻蹻轻便，因以为名也。"

209.《释衣服》："韈，解也，著时缩其上，如履然，解其上则舒解也。"先谦曰："吴校'韈'作'鞋'。"

210.《释宫室》："梁，彊梁也。"先谦曰："吴校'彊'上有'言'字。《释宫》'宗庙谓之梁'注：'梁，屋大梁也。'《庄子·山木篇》释文：'彊梁，多力也。'《诗·荡》疏：'彊梁，任威使气之貌'。梁在屋上，有居高负重之象，故以'彊梁'训之。《说文》：'彊，有力也。'屋梁、桥梁皆以劲直负重为能，合之可得'彊梁'二字之义。"

211. 《释宫室》："柱，住也。"先谦曰："《文选·东京赋》注引《苍颉篇》云：'驻，住也。'是汉世有'住'字。《说文》未收。'住''驻''柱'皆取'止而不动'之义，本书《释姿容》：'驻，株也，如株木不动也。'彼以'株'训'驻'，与此以'住'训'柱'同意。"

212. 《释宫室》："檼，隐也，所以隐桷也。或谓之望，言高可望也。毕沅曰："'望'与'薨'音亦相近，此下又别出'薨'。"先谦曰："'望'与'薨'音似不近，此义它书不见。"或谓之栋。栋，中也，居屋之中也。"

213. 《释宫室》："栌，在柱端，如都卢负屋之重也。"先谦曰："《淮南·本经训》注：'栌，柱上枅，即梁上短柱也。''都卢'见《西域传》，亦见《文选·西京赋》。"

214. 《释宫室》："斗，在欒两头如斗也。斗，负上员檼也。"先谦曰："'斗，负上员檼也'，吴校作'亦言斗上负檼也'。"

215. 《释宫室》："笮，迮也，编竹相连迫迮也。"先谦曰："屋笮迫近瓦下，故取'迫迮'为义。'笮'有'迮'义，故'笮''迮'互通。《诗·雨无正》笺：'其急笮且危急。'《释文》：'笮，本作迮'，是也。急用竹器，多以'笮'名。本书《释兵》：'受矢之器，织竹曰笮，相迫笮之名也。''矢'是迫急所用，故箙亦受'笮'名，又作'筰'。本书《释船》：'引舟者曰筰，筰，作也，作，起也，起舟使动行也。'起舟，迫急之事，故引舟者，亦名'笮'也。又编竹为桥，以索贯之，亦曰'笮'。唐杜甫诗：'连笮动袅娜，征衣飒飘飖。'余曾过之，急起直行，不容驻足，数事皆与'迫迮'义证合。"

216. 《释宫室》："栅，蹟也，以木作之，上平蹟然也。"先谦曰："本书《释书契》：'册，颐也，敕使整颐，不犯之也。'以'颐'训'册'，与以'蹟'训'栅'声例相同，'平蹟'犹'整颐'意。"

217. 《释宫室》："栅……又谓之徽。徽，紧也。"先谦曰："《士冠礼》注：'徽，敛也。'《素问·气交变大论》'其化紧敛'注：'紧，缩也。'凡物紧密，则似缩敛，故名为'徽'，而释以'紧'。"

218. 《释宫室》："又谓之徽……诜诜然紧也。"先谦曰："《诗·螽斯》传：'诜诜，众多也。'"

219.《释宫室》："殿，有殿鄂也。"先谦曰："殿鄂，盖不平之貌，亦见《释形体》《释言语》篇，'鄂'作'遌'。"

220.《释宫室》："大屋曰庑。庑，幠也；幠，覆也。并冀人谓之庌。庌，正也，屋之正大者也。"先谦曰："'庌，正也'，吴校作'庌，雅也；雅，正也'，是。"

221.《释宫室》："垩，亚也，次也，先泥之，次以白灰饰之也。"先谦曰："吴校'次也'上有'亚'字，是。"

222.《释床帐》："户嫌，施之于户外也。"先谦曰："此则今之门帘，上但言'嫌'，盖形制差小，专施于隐暗之处，以自障蔽，故云：'为廉耻也'。"

223.《释床帐》："床前帷曰帖，言帖帖而垂也。"先谦曰："此今之床襜，亦曰'床幔'。"

224.《释书契》："启，诣也，以启语官司所至诣也。"先谦曰："吴校'启，诣也'作'启，亦诣也'，下'启'字作'告'。"

225.《释书契》："书称刺书，以笔刺纸简之上也。"先谦曰："吴校'书称刺书'作'书书称刺'。"

226.《释书契》："书称刺书……又曰到写，写此文也。画姓名于奏上曰画刺，作再拜起居，字皆达其体，使书尽边，徐引笔书之如画者也。先谦曰："吴校删'使'下'书'字。"下官刺曰长刺，长书中央一行而下也。又曰爵里刺，书其官爵及郡县乡里也。"

227.《释书契》："书称题。题，谛也，审谛其名号也。"先谦曰："吴校'书'下有'牍'字。"

228.《释书契》："书称题……亦言第，因其第次也。"先谦曰："吴校'亦言第'下有'也'字。"

229.《释书契》："谓，犹谓也，犹得救不自安，谓谓然也。"先谦曰："吴校'谓犹谓也'作'谓犹喟喟'，'谓谓'作'喟喟'。"

230.《释典艺》："谱，布也，布列见其事也。亦曰绪也，主绪人世，类相继如统绪也。"先谦曰："吴校'主'下'绪'作'叙'，'如'作'知'。"

231.《释乐器》："舂牍。舂，撞也；牍，筑也，以舂筑地为节也。"

先谦曰："吴校'以春'之'春'作'撞'。"

232.《释兵》："弓,穹也,张之穹隆然也。其末曰箫,言箫梢也;_先谦曰:"'言'字当在'梢'上。"又谓之弭,以骨为之,滑弭弭也。中央曰弣。弣,抚也,人所抚持也。箫弣之间曰渊。渊,宛也,言宛曲也。"

233.《释兵》："龟蛇为旐。旐,兆也,龟知气兆之吉凶,_{先谦曰:"吴}校'龟'下有'蛇'字。"建之于后,察度事宜之形兆也。"

234.《释兵》："绥,夏后氏之旌也,其形衰衰也。"_{先谦曰:"吴校'绥'}上有'或曰'三字,通上为一条。"

235.《释车》："胡奴车,东胡以罪没入官,为奴者引之,殷所制也。"_{先谦曰:"吴校'官为'二字互乙。"}

236.《释车》："元戎车,在军前启突敌陈,周所制也。"_{先谦曰:"吴校}'在'上补'元戎'二字。"

237.《释车》："柏车,柏,伯也,大也,_{先谦曰:"吴校'大'上有'伯'}字。"丁夫服任之大车也。"

238.《释车》："墨车,漆之正黑,无文饰,大夫所乘也。"_{先谦曰:}"吴校'黑'下补'如墨'二字。"

239.《释车》："小车,驾马轻小之车也,驾马宜轻,使之局小也。"_{先谦曰:"吴校'使'上有'故'字。"}

240.《释车》："游环,在服马背上、骖马之外辔贯之,游移前却,无定处也。"_{先谦曰:"吴校'在'上有'环'字。"}

241.《释车》："隆彊,言体隆而彊也。或曰车弓,似弓曲也。其上竹曰郎疏,相远,晶晶然也。"_{先谦曰:"吴校'郎'作'朗'。"}

242.《释车》："桼,复也,重复非一之言也。"_{先谦曰:"吴校'桼'作'輹'。"}

243.《释车》："轮,纶也,言弥纶也,周匝之言也。或曰辁,言辐总入毂中也。"_{先谦曰:"'言弥纶也',吴校无'言'字、'也'字。"}

244.《释车》："鞅,婴也,喉下称婴,言缨络之也。_{先谦曰:"吴校}'言'上有'亦'字。"其下饰曰樊缨,其形樊樊,而上属缨也。"

245.《释船》:"轻疾者曰赤马舟,其体正赤,疾如马也。"先谦曰:"吴校删'舟'字。"

246.《释船》:"五百斛以上,还有小屋曰斥候,以视敌进退也。"先谦曰:"吴校'还'作'环'。"

247.《释疾病》:"瞁,缩坏也。"先谦曰:"吴校作'瞁,缩也,眸子缩坏也'。"

248.《释疾病》:"瘿,婴也,在颈婴喉也。"先谦曰:"吴校'喉'下有'下'字。"

249.《释疾病》:"疟,酷虐也。先谦曰:'吴校删酷'字。"凡疾,或寒或热耳,而此疾先寒后热,两疾似酷虐者也。"

250.《释丧制》:"以囊韬其形曰冒,覆其形,使人勿恶也。"先谦曰:"吴校'覆'下有'冒'字。"

251.《释丧制》:"棺,关也,关闭也。"先谦曰:"吴校'关闭'上有'言'字。"

252.《释丧制》:"绞带,绞麻缌为带也。"先谦曰:"吴校'缌'作'绳'。"

253.《释丧制》:"舆棺之车曰辒。辒,耳也,悬于左右前后,铜鱼摇绞之属,耳耳然也。其盖曰柳。柳,聚也,众饰所聚,亦其形偻也。先谦曰:"吴校'聚'下有'也'字,'亦'下有'言'字。"亦曰鳖甲,似鳖甲然也。其旁曰墙,似屋墙也。"

254.《释丧制》:"翣,齐人谓扇为翣,此似之也。象翣扇为清凉也。翣有黼有画,各以其饰名之也。"先谦曰:"吴校'黼'下补'有黻'二字。"

第三章　王先谦《释名疏证补》
引苏舆研究

清代学者王先谦的《释名疏证补》中汇集了毕沅、王启原、叶德炯、苏舆、皮锡瑞、成蓉镜、王先慎等人的校语，这些校语有学者们直接在《释名疏证补》词条后面下注的，也有在毕沅的校语后面加以补充的。一般用"毕沅曰""王启原曰""叶德炯曰""苏舆曰""皮锡瑞曰""王先慎曰"等表示，而《释名疏证补》的作者王先谦的按语常常亦以"先谦曰"①的形式出现，或表明其补正的观点，或引文勘误，还有对前面学者观点的点评。故《释名疏证补》为研究《释名》的集大成之作，亦是清代注疏家们的学术成果的结晶。

苏舆（1874—1914），字嘉瑞，号厚庵，晚号闲斋。今湖南平江县童市镇人。幼年随父苏渊泉读书，13 岁时补县学生员，食廪饩。旋入长沙湘水校经堂，肄业。清光绪二十三年（1897），选充拔贡生，举于乡。曾从湖南名宿王先谦受学，为王氏得意门生。著有《春秋繁露义证》《校定晏子春秋》等。王先谦在《春秋繁露义证·序》曾言："念厚庵从余数十年，言行素谨……其《义证》固可传之书也。"②寥寥数语，足以可见王先谦对苏舆的人品学问极为嘉许，对苏舆的学识极为推崇。关于苏舆的学术成就，前人和时贤均有较丰富的研究成果，如：姜广辉、李有梁的《苏舆：晚清平实说理的公羊学家——以〈春秋繁露义证〉的诠释风格为

---

①　见魏宇文、王彦坤：《〈释名疏证补〉的"先谦曰"探微》，《学术研究》2005 年第 3 期。
②　苏舆：《春秋繁露义证·附录三》，中华书局，1996 年，第 525 页。

例》①，刘雪平的《苏舆致杨树达信札两通》②，李有梁的《〈春秋繁露义证〉的撰作缘由、思想内容与经学意义》③ 等，这些研究成果基本上是基于苏舆在《春秋繁露义证》中取得的成就，对其他方面很少涉及。例如：目前，学者们对王先谦《释名疏证补》中的"苏舆曰"校语的关注极少，对其进行整理和研究的更少。本章试对《释名疏证补》中引苏舆的校语进行全面梳理和统计，全书共有苏舆校语 349 条。其中苏舆直接在《释名》原文下注的有 95 条，约占苏舆校语总数的 27%；在毕沅等人的校语后面加以补注或疏证的有 254 条，约占苏舆校语总数的 73%。苏舆校语的内容非常丰富，涉及音韵、文字和词汇等，苏氏主要通过大量的引文去疏证、补注、纠错和阐述问题，理据较为充分，说服力较强。这些校语汇集了苏舆对刘熙的《释名》和王先谦的《释名疏证补》的研究成果，以及补充或纠正了毕沅等人的观点，具有鲜明的特点，且不乏有学术价值的观点。现从以下几方面探析。

一、文字校勘

此类苏舆校语主要指出版本异文、衍文、脱（夺）文、倒文等。例如：

①"百姓日称而不知其所以之意。"苏舆曰："《通考》引'以'下有'然'字，当据补。"（《释名·序》）

这是苏舆在刘熙《释名序》原文上的直接注释，此处引《文献通考》

---

① 姜广辉、李有梁：《苏舆：晚清平实说理的公羊学家——以〈春秋繁露义证〉的诠释风格为例》，《湖南大学学报（社会科学版）》2010 年第 3 期。

② 刘雪平：《苏舆致杨树达信札两通》，《图书馆》2010 年第 5 期。

③ 李友梁：《〈春秋繁露义证〉的撰作缘由、思想内容与经学意义》，《原道》2017 年第 1 期。

作为文献佐证。苏舆认为，此句应在"以"字下补"然"字，即为"百姓日称而不知其所以然之意"。这为后代读者阅读《释名序》提供了版本异文的材料。苏氏补充"然"字，是也。

②"腕，宛也，言可宛屈也。"苏舆曰："《御览·人事十》引'言'下无'可'字。"（《释形体》）

在此例中，虽然苏氏没有直接指出衍文，但他间接地说明《太平御览》引《释名》之异文，暗含衍文之意。

③"震，战也，所击辄破，若攻战也。又曰辟历。辟，析也，所历皆破析也。"毕沅曰："今本'析'皆作'折'，据义当作'析'。《说文》：'劈，破也。'"成蓉镜曰："礔礰、劈历、霹雳并叠韵字。成国义近凿。"苏舆曰："'辟'字衍。'辟历'即'析'之合音。故云'辟历，析也，所历皆破析也'。亦总申'辟历'之义，承'析'字言之。《御览·天部十三》引正作'霹雳，析也'。虽字不同，而无'辟'字。成疑其义近凿，不知'辟'本衍字也。又《御览》无'所历'下六字，'霹雳，析也'句在'震，战也'三句上。"（《释天》）

此处苏氏明确指出"辟"为衍字，并引文说明版本异文。周祖谟校笺："毕本改'折'为'析'，是也。苏舆谓'辟历'下'辟'字衍，'所历皆破析也'总申'辟历'之义，承'析'字言之。《御览·天部十三》引正作：'霹雳，析也。'案苏说是也。"① 可见，苏氏的观点是对的。

---

① 参见任继昉：《释名汇校》，齐鲁书社，2006 年，第 24 页。

④ "罗，文罗疏也。" 苏舆曰："'文罗' 下当更有 '罗' 字，《初学记》诸书引并脱。罗罗，疏貌，言文理罗罗而疏也。上云 '文修修然'，此云 '文罗罗疏'，正一例。本书《释宫室》：'篱，离也，疏离离然也。''罗''离' 声近，'罗罗疏' 犹彼云 '疏离离' 矣。《世说》：'司马太傅为二王目曰：孝伯亭亭直上，阿大罗罗清疏。'足证 '罗罗' 二字之义。"（《释采帛》）

苏氏首先指出原文有脱文，其次引文疏证，并举本书例证说明 "文罗疏也" 应为 "文罗罗疏也"。

⑤ "膈，塞也，隔塞上下，使气与谷不相乱也。" 苏舆曰："'使气与谷不相乱'，语意不词，当作 '使不与谷气相乱'。《说文》：'肓，心上膈也。'膈在肓间，与下焦隔，故云然。今本倒互其文，则不可通矣。《御览·人事十二》正作 '使不与谷气相乱'。"（《释形体》）

苏氏指出今本有倒文，且文意不通，并引《说文》《太平御览》佐证，"使气与谷不相乱" 应为 "使不与谷气相乱"。苏氏校正然也。

二、疏解词义

这类苏舆校语主要疏证词义、补充理据、说明理由等，引证丰富，颇具苏舆的个人见解。例如：

① "泽中有丘曰都丘，言虫鸟往所都聚也。" 苏舆曰："《广雅·释诂》：'都，聚也。'《文选·西京赋》薛注：'都，谓聚会也。'"（《释丘》）

　　这是苏舆在刘熙《释名·释丘》原文上的直接注释，此条毕沅等人未作注释。苏舆引《广雅》和《文选》薛综的注，说明"都"有"聚"之义，间接对刘熙"都丘"的释语提供了文献佐证。

　　②"东海，海在其东也。"叶德炯曰："《续志》属徐州刺史部，前志同，今山东沂州府郯城县西南三十里。"苏舆曰："《十道志》云：'海州东海郡置，在朐山县。'《禹贡》徐州之域，春秋鲁国之东境，七国时属楚，为薛郡地，后分薛郡为郯，汉改郯为东海郡。"（《释州国》）

　　此处苏氏引文，补充说明了东海郡的命名理据，以及其属地管辖的变迁史。

　　③"枇杷，本出于胡中，马上所鼓也。"苏舆曰："《御览·乐部二十一》引傅玄《琵琶赋·序》云：'闻之故老云：汉遣乌孙公主，念其行道思慕，使工知音者，载琴筝筑箜篌之属，作马上之乐，观其器盘圆柄，直阴阳叙也。四弦，法四时也，以方语目之，故曰琵琶，取易传于外国也。'杜挚以为嬴秦之末，盖苦长城之役，百姓弦鼗而鼓之。二者各有所据，以意断之，乌孙近焉。又引《乐府杂录》云：'琵琶始自乌孙公主造，马上弹之。'据此云'本出于胡中，马上所鼓'，则亦与乌孙说合。蔡琰《十八拍》：'琵琶本自出胡中，缘琴翻出音律同。'"（《释乐器》）

　　此处苏氏通过引文，详细说明了琵琶的由来和特点，使读者既增长了知识，又明白了其"本出于胡中，马上所鼓"之所以然。

　　④"叟，缩也，人及物老，皆缩小于旧也。"苏舆曰："本书《释疾病》：'瞍，缩坏也。''叟''瞍'同声字，故并训'缩'，'叟''缩'声之转。"（《释亲属》）

苏舆以《释名》本书训释条例为证，说明刘熙以"缩"训"叟"的声音关系是合理的。

⑤"绫，凌也，其文望之如冰凌之理也。"苏舆曰："《说文》：'东齐谓布帛之细者曰绫，从糸，夌声'，'绫''凌'叠均。《初学记》引《风俗通》：'积冰曰凌，以其文理细净，有似冰凌之色，故云。'"（《释采帛》）

苏氏引《说文》作为佐证，并引《初学记》转引《风俗通》的解释，说明刘熙的释语"如冰凌之理也"带有比喻，说明"绫"的纹理像冰凌一样清晰纯净，且有条理。这就使读者对绫的形色有了较深刻的印象。

三、评判他说

这类校语主要是苏舆对刘熙的《释名》和清代其他学者的校语、按语和疏证材料等加以评判，有肯定，有纠正，或校正字形，或疏解词义等，颇具个人见解。

①"珥，气在日两旁之名也。珥，耳也，言似人耳之两旁也。"毕沅曰："今本作'在面旁'，据《御览》引改。"王先慎曰："《吕氏春秋·明理篇》高注：'珥，日旁之危气也。在上内向为冠，两旁内向为珥。'《开元占经·日占篇》引石氏云：'日两旁有气，短小青赤名为珥。'"苏舆曰："《说文》：'珥，从玉耳，耳亦声。'则珥、耳同声字。《文选·七发》注引《仓颉》云：'珥，珠在耳也。'《续汉·舆服志》亦云：'珥，耳珰垂珠也。'盖'珥'本从'耳'，取声义，故凡在耳两旁者谓之'珥'，引申为'气在日两旁'之名。成国此义最塙。《汉书·天文志》：'抱珥虹蜺。'注引孟康云：'珥，形点黑也。'又引如淳云：'凡气食日，上为冠为戴，在旁直对为珥。'"（《释天》）

苏氏引文佐证，充分肯定了刘熙对"珥"的训释，其由"人耳之两旁"引申为"气在日两旁"，然也。

②"山锐而高曰乔。"毕沅曰："今本作'土锐而长曰峤'。《尔雅》：'锐而高乔。'《初学记》《御览》皆引作'山锐而高曰乔'，与《尔雅》合，据改。峤字在《说文新附》字中，其下注云：'古通用乔。'然则不当复加山旁。"苏舆曰："下云'形似桥'，则此'乔'字当作'桥'。《史记·五帝纪》：'葬桥山。'《正义》引《尔雅》云：'山锐而高曰桥。'则《尔雅》亦有作'桥'者。成国沿之，故训为桥形也。""形似桥也。"（《释山》）

这是苏舆在毕沅注后面的校语，毕沅引《尔雅》《初学记》《太平御览》等文献为证，认为今本"土锐而长曰峤"的"峤"字应为"乔"，故把"峤"改为"乔"。苏舆则有自己的看法，他引《史记正义》中有"桥山""山锐而高曰桥"的书证，认为刘熙的释语"形似桥也"是沿用古训，故"乔"应为"桥"，然也。

③"水直波曰泾。泾，俓也，言如道俓也。"毕沅曰："'俓'当为'径'，而此书皆从人，姑仍其旧。"苏舆曰："《尔雅》释文'泾'作'俓'，云：'字或作径。'则此'俓'字非误。"（《释水》）

此处毕沅认为刘熙沿用旧体，"俓"字当为"径"。苏舆纠正了毕沅的说法，并引文献佐证，认为刘熙此处的"俓"字没错，然也。

④"楚，辛也。其地蛮多，而人性急，数有战争，相争相害，辛楚之祸也。"毕沅曰："此'辛'字当为'苦'。"成蓉镜曰："'辛'字不误，'楚'当为'苦'。"叶德炯曰："《汉书·地理志》：'楚与巴蜀同俗，

汝南之别皆急疾，有气埶。'"案："埶，势古字，正言楚好争也。"苏舆曰："'辛楚'二字无烦改易，正释上'辛'字之义，'辛楚'常语，即'苦楚'。陆机诗：'俯仰悲林薄，慷慨含辛楚。'文人多承用之，亦或言'楚辛'。"（《释州国》）

此条毕沅认为"辛楚之祸"的"辛"字应改为"苦"，成蓉镜则认为"辛"字不误，"楚"当为"苦"。苏舆的观点是"辛""楚"二字无需改，"辛楚"或"楚辛"二字在诗文中常连用，是也。

⑤"图，度也，畫其品度也。"毕沅曰："'畫'今本作'盡'，讹。《释言》：'猷，图也。'郭注《周官》：'以猷鬼神祇谓图画。'"苏舆曰："此图谓图谶之图，故与纬谶连文，《河图挺佐辅》：'黄帝至于翠妫之川，鲈鱼折溜而至，兰叶朱文以授黄帝，名曰绿图。'则图本谶之属。《书·顾命》伪孔传：'河图八卦，伏羲王天下，龙马出河遂。'则其文以画八卦谓之河图，正图为画其品度之旨。《隋书·经籍志》载：汉末郎中郗萌，集图纬谶杂占为五十卷，即此类也。毕但以图画为证，非是。'图''度'声近义同。"（《释典艺》）

苏氏纠正了毕说，认为此"图"谓"图谶"之图，刘熙以"度"训"图"为声近义同。苏氏所正然也。

⑥"鹿兔之道曰亢。"毕沅曰："'亢'当作'远'。《说文》：'远，兽迹也。'"苏舆曰："《淮南·地形训》高注：'常山人谓伯为亢。'《说文》：'赵魏谓伯为畎。''亢'与'畎'通，亦与'远'通，不必定改为'远'，'伯'即'陌'字。《广雅》：'远，道也。'《尔雅·释兽》疏引《字林》云：'远，兔道也。'"（《释道》）

此处毕沅认为"'兂'当作'远'"，苏舆引文证明"'兂'与'昈'通，亦与'远'通"，故不必改字。苏氏所证是也。

四、疏证条例

这类校语主要是苏舆对训释条例的疏证，指出条例编排的错漏、被训释词与训释词之间的声韵关系等，对还原《释名》的训释体例有一定的参考价值。

①"道出其后曰昌丘。"毕沅曰："《尔雅》：'途出其后昌丘。'"苏舆曰："此及下'营丘'无义，疑夺文。"（《释丘》）

②"肉，柔也。"苏舆曰："此下应言其义，本书之例在于假声以定义，未有空陈其声，而无其义者。诸如此类，疑并夺文。"（《释形体》）

例①、例②中，苏氏的意思是：按照《释名》的训释体例，在被训释词后面，一般均有一句或几句释语，对其进行解释。如例①"道出其后曰昌丘"的后面应该还有"昌，某也。……。"例②"肉，柔也"后面也应有"……柔某也。"苏舆疑有夺文，然也。

③"上敕下曰告。告，觉也，使觉悟知己意也。"毕沅曰："《汉书·司马相如传》：'上遣相如谕告巴蜀民。'其檄首言告巴太守，末言檄到，亟下县道，咸谕陛下意，是'使觉悟知己意也'。"苏舆曰："'告''觉'叠韵字，本书《释姿容》：'觉，告也。'互相释。"（《释书契》）

此处苏氏指出刘熙以"觉"释"告"的声韵关系正确，告、觉叠韵，且有本书释例为证，即"觉""告"可互训。然也。

④"负，在背上之言也。"苏舆曰："本书《释姿容》：'背，负也，置项背也。'与此互训。《方言》七：'凡以驴马駝驼载物者，谓之负佗。'即此'负'字之义。"（《释车》）

苏氏认为，刘熙此条下应为"负，背也，在背上之言也"，这样训释体例较为完整，且以"背"释"负"有本书《释姿容》之互训例证。苏氏此疏证然也。

⑤"公，广也，可广施也。"苏舆曰："《周书·谥法》：'立制及众曰公。'太子晋伯能移善于众，与百姓同，谓之公，皆广施之义，'公''广'双声。"（《释言语》）

苏舆引文解释"公"有"广施"义，且指出公、广双声，即刘熙的此条声训的声音关系正确。

⑥"侍，时也，尊者不言，常于時供所当进者也。"苏舆曰："《论语·先进》皇疏：'卑者侍尊者之侧曰侍。'《广雅·释言》'時，伺也'，与《论语》'孔子時其亡也'之'時'义同。卑侍尊侧，专为伺候，先意承志，相谕无言，如《曲礼》所云'视于无声，听于无形'，《内则》所云'若饮食之虽不欲，必尝而待加之，衣服虽不欲，必服而待'之类，是其事也。'時'有'伺'义，故'侍'可训'時'，'侍''時'并从寺声，成国依声为训，故云然。"（《释言语》）

苏舆引文证实"時"有"伺"义，肯定了刘熙以"時"训"侍"的声训是正确的。

⑦"胗，展也，痒搔之，捷展起也。"毕沅曰："上文已有'疹'一

条，此作'脥'，亦与《说文》'唇疡'不合，云'痒搔'则与前之'隐疹'并无异，盖重出也。"苏舆曰："毕说非也。此正与《说文》'脥，唇疡也'训合。《灵枢·经脉》所云'唇脥'即此。凡疡疾无不痒搔，搔则皮肤展起，故'脥'训为'展'，与前'疹'义绝殊。毕疑重出，殆泥于《说文》'脥''疹'之同字耳。又案：'捷'疑当作'唇'，上云'痒搔之，齿颊龋也'，句法正与此一例，'捷'字无义，当是误文。"（《释疾病》）

此处苏氏首先指出毕沅认为此条训释"重出"是错的，"疹"与"脥"不同，刘熙分列各条是对的，其次引文佐证其观点，是也。

当然，苏舆的校语中，亦有不够完善或者表述不清楚的，或者只引不校的。例如：

⑧"冬，终也，物终成也。"苏舆曰："《乡饮酒义》：'冬之为言中也，中者，藏也。'"（《释天》）

⑨"己，纪也，皆有定形，可纪识也。"毕沅曰："《律志》：'理纪于己。'《白虎通》：'己者，抑屈起。'疑文犹脱误。"苏舆曰："《玉烛宝典》引《元命苞》：'己者，抑詘而起。'与《白虎通》同。《说文》：'己，中宫也，象万物辟藏詘形也'。"（《释天》）

以上两条校语中，苏舆均未作解释或评判，到底刘熙的训释正确与否，毕沅的疏证是否合理，"疑文犹脱误"是否有理据等。这些例证中，苏氏在处理上是"只引不校"，没有给读者一个清楚的交代，给人若即若离，似是而非，云里雾里之感。然而，毫无疑问的是，这些仅为少数，不足以掩盖"苏舆曰"绝大多数校语的价值。

综上所述，在王先谦《释名疏证补》引苏舆的 348 条校语中，无论是苏氏直接注释的，还是苏氏在毕沅等人后面的疏证，其价值均较高。

尤其是在文字校勘、疏解词义、评判他说、疏证条例等几方面的价值更为突出。"苏舆曰"不仅在某种程度上还原了刘熙《释名》训释的原貌，而且不乏个人见解，给后代读者阅读和研究《释名》提供了较为丰富的文献材料依据。

附录：王先谦《释名疏证补》引苏舆研究语料

1. 《释天》："天，坦也，坦然高而远也。"苏舆曰："《释天》释文引无'而'字。"

2. 《释天》："气，忾也，忾然有声而无形也。"苏舆曰："《礼·祭义》：'出户而听，忾然必有闻乎？其太息之声。'亦'有声无形'之义。又云：'气也者，神之盛也。'气笼于神，故无形。"

3. 《释天》："春，蠢也，万物蠢然而生也。"苏舆曰："《玉烛宝典》引作'春，蠢也，蠢动而生也'。《春秋说题辞》：'春，蠢，兴也。'兴、生义相成。《尚书大传》：'春，出也，万物之出也'。'春''出'双声，'出'亦'生'也。"

4. 《释天》："冬，终也，物终成也。"苏舆曰："《乡饮酒义》：'冬之为言中也，中者，藏也。'"

5. 《释天》："火，化也，消化物也。亦言毁也，物入中皆毁坏也。"苏舆曰："《春秋元命苞》：'火之为言委随也。'（先谦）案：'委随即毁之合音。'"

6. 《释天》："子，孳也，阳气始萌，孳生于下也。于《易》为坎，坎，险也。"苏舆曰："以上'乾，健也'，下'艮，限也'各条例之，此下应言其义，当有夺文。"

7. 《释天》："午，仵也，阴气从下上，与阳相仵逆也。苏舆曰："《白虎通》：'壮盛于午，午物满长。'义稍别。据《律志》，罞即遻，遻、迕同。（见《玉篇》）"于《易》为离。离，丽也，物皆附丽阳气以茂也。"

8. 《释天》："未，昧也，日中则昃，向幽昧也。"毕沅曰："言'日中则昃'，是专就一日午后言之，义殊未的。《律志》：'昧薆于未。'其失同也。《律书》：'未者，言"

万物皆成，有滋味也。'《白虎通》：'未，味也。'《说文》：'未，味也，六月滋味也。五行木老于未，象木重枝叶也。'说皆精确。"（先谦）案："坤贞于六月，未不云于《易》为坤者，见后《释地》篇。"苏舆曰："《易·丰·象》云：'日中则昃，月盈则食，天地盈虚，与时消息。'《公羊》疏二十六引郑康成云：'言皆有休已，无常盛也。'王弼注：'施于未足，则常丰；施于已盈，则方溢，不可以为常。'《正义》：'盛必有衰，自然常理。日中至盛，过中则昃，月满则盈，过盈则食。'《释名》此语盖用《易》义，为比例之词，以申'昧'字之旨。言物理无常，盛极将衰。如日将昃，渐向幽昧。《汉志》言'昧薆'亦即此义。毕说似非。《淮南·天文训》亦云：'未者，昧也。'《玉烛宝典》引《诗泛历枢》云：'未者，昧也。昧者，盛也。'别一义。"

9. 《释天》："戌，恤也，物当收敛，矜恤之也。苏舆曰："下云脱落，即灭之意，成国盖以为旁义，凡云'亦言'者，并同。"亦言脱也，落也。"

10. 《释天》："甲，孚甲也，万物解孚甲而生也。"苏舆曰："《律书》：'甲者，万物剖孚甲而出也。''剖'亦有'解'义。《白虎通》：'甲者，万物孚甲也。'"

11. 《释天》："丁，壮也，物体皆丁壮也。"苏舆曰："《白虎通》：'丁者，强也。'《广雅·释诂》同，强、壮同义。《玉烛宝典》引《诗泛历枢》：'丁者，亭。'宋均云：'亭犹止，阳气著止而止也。'别一义。"

12. 《释天》："戊，茂也，物皆茂盛也。"苏舆曰："《玉烛宝典》引《诗泛历枢》：'戊者，贸也，阴贸阳、柔变刚也。''贸'亦同声字。《说文》：'戊，中宫也，象五龙六甲相拘绞也。'"

13. 《释天》："己，纪也，皆有定形，可纪识也。"毕沅曰："《律志》：'理纪于己。'《白虎通》：'己者，抑屈起。'疑文有脱误。"苏舆曰："《玉烛宝典》引《元命苞》：'己者，抑詘而起。'与《白虎通》同。《说文》：'己，中宫也，象万物辟藏詘形也。'"

14. 《释天》："庚，犹更也。毕沅曰："'犹'字疑衍。《律志》曰：'敛更于庚。'郑注《月令》云：'庚之言更也。'"庚，坚强貌也。"毕沅曰："《说文》：'庚，位西方，象秋时万物庚庚有实也。'是坚强之貌。"王启原曰："吴校作'庚犹更，更，坚强貌也'。"苏舆曰："《玉烛宝典》引《元命苞》：'庚者，物色更。'与此训合。"

15. 《释天》："辛，新也，物初新者，皆收成也。"毕沅曰："《律志》'悉新于辛。'郑注《月令》曰：'辛之言新也。'"苏舆曰："《玉烛宝典》引《元命苞》：'辛者，阴治成（治当作始）。'与'收成'义亦近。"

16. 《释天》："壬，妊也，阴阳交，物怀妊也，至子而萌也。"毕沅曰："《律志》：'怀任于壬。'《说文》：'壬，位北方也，阴极阳生，故《易》曰：龙战于野。战者，接也。象人裹妊之形，承亥壬，以子生之叙也。'"王启原曰："吴校'至子'上删'也'字。"苏舆曰："《玉烛宝典》引《元命苞》：'壬者，阴始任。'宋均云：'壬，始任育。'郑注《月令》：'壬之言任也。'壬妊同。"

17. 《释天》："癸，揆也，揆度而生，乃出土也。"苏舆曰："《玉烛宝典》引《元命苞》：'癸者，有度可揆绎。'宋均云：'至癸，萌渐欲生，可揆寻绎而知。'"

18. 《释天》："云犹云云，众盛意也。"苏舆曰："《御览·天部八》引无'意'字。"

19. 《释天》："电，殄也，言乍见即殄灭也。"苏舆曰："《御览·天部十三》引亦无'言'字，'即'作'则'。"

20. 《释天》："震，战也，所击辄破，若攻战也。又曰辟历。辟，析也，所历皆破析也。"苏舆曰："'辟'字衍。'辟历'即'析'之合音。故云'辟历，析也，所历皆破析也'。亦总申'辟历'之义，承'析'字言之。《御览·天部十三》引正作'霹雳，析也'。虽字不同，而无'辟'字。成疑其义近凿，不知'辟'本衍字也。又《御览》无'所历'下六字，'霹雳，析也'句在'震，战也'三句上。"

21. 《释天》："晕，苏舆曰："《天官书》：'两军相当曰晕。'《集解》如淳曰：'晕读曰运。'则'晕'有'运'音。《开元占经》引石氏云：'日旁有气，员而周匝，内赤外青为晕。'"卷也，气在外卷结之也，日月俱然。"

22. 《释天》："珥，气在日两旁之名也。珥，耳也，言似人耳之两旁也。"苏舆曰："《说文》：'珥，从玉耳，耳亦声。'则珥、耳同声字。《文选·七发》注引《仓颉》云：'珥，珠在耳也。'《续汉·舆服志》亦云：'珥，耳珰垂珠也。'盖'珥'本从'耳'，取声义，故凡在耳两旁者谓之'珥'，引申为'气在日两旁'之名。成国此义最塙。《汉书·天文志》：'抱珥虹蜺。'注引孟康云：'珥，形点黑也。'又引如淳云：'凡气食日，上为冠为戴，在旁直对为珥。'"

23. 《释天》："孛星，星旁气孛孛然也。"苏舆曰："《开元占经》引齐颖云：'孛芒短，其光四出，蓬蓬孛孛也。彗见其光，芒长，寒如埽彗。'又引董仲舒云：'孛星，彗星之属也。芒遍指曰彗，芒气四出曰孛。'《论语》：'色勃如也。'《说文》引'勃'作'孛'，'孛''勃'通。'孛孛'犹言'勃勃'矣。《穀梁·文十四年》传：'孛之为言犹茀也。''孛''茀'亦同声字。"

24. 《释天》："笔星，星气有一枝末锐似笔也。"苏舆曰："成定为昭明星，盖据《索隐》引《释名》此条语也，然《天官书》云：'昭明星大而无角，乍上乍下。'《汉志》同。《开元占经》引巫咸云：'西方有星，大而白有角，自下视名曰昭明。'虽有'无角''有角'之异，与此实不相类。《索隐》误证此。与彗孛流为一类，疑亦'妖星'之属。《天文志》'言彗孛飞流'，《晋志》：'自下而升曰飞。'此或'飞星'之异名。自下而升，其气直上，有似笔形，故取名焉。昭明乃常星，厕之于此，则不类矣。"

25.《释地》："地，底也，其体底下，载万物也。苏舆曰："《御览·地部一》引无'体'字。"亦言谛也，五土所生，莫不审谛也。"

26.《释地》："地……《易》谓之坤。坤，顺也，上顺乾也。"苏舆曰："《御览·地部一》作'亦谓之坤，坤，顺乾也'。以《释天》'《易》谓之乾，乾，健也，健行不息也'例之，今本是。"

27.《释地》："土，吐也，吐生万物也。"毕沅曰："此书以五行列于《释天》篇，故其篇已有此文，顾土实地也，固宜重见于此。比之前文，虽少一'能'字，非误也。《御览》引无'万'字。"苏舆曰："《御览·地部二》引有'万'字。"

28.《释山》："山，产也，产生物也。苏舆曰："《御览·地部三》引作'山，产也，言产万物'。"土山曰阜。阜，厚也，言高厚也。大阜曰陵。陵，隆也，体隆高也。"

29.《释山》："山锐而高曰乔，苏舆曰："下云'形似桥'，则此'乔'字当作'桥'。《史记·五帝纪》：'葬桥山。'《正义》引《尔雅》云：'山锐而高曰桥。'则《尔雅》亦有作'桥'者。成国沿之，故训为桥形也。"形似桥也。"

30.《释山》："山多小石曰碌。碌，尧也，每石尧尧，独处而出见也。"苏舆曰："'尧尧'犹'峣峣'。《广雅·释诂》：'尧，峣也。'《白虎通·号篇》：尧犹峣峣也，至高之貌。"

31.《释山》："山多大石曰礐。礐，学也，大石之形，学学然也。"苏舆曰："《释山》释文：'礐'或作'确'，又作'塝'。'塝'即'学'之后起字。"

32.《释山》："山有草木曰岵。毕沅曰："《诗》：'陟彼岵兮。'《尔雅》：'多草木，岵。'《说文》：'岵，山有草木也。'"苏舆曰："毛传：'山无草木曰岵，山有草木曰屺。'与《尔雅》异。邢疏以为传写误。据此，则成国所见《尔雅》与今本同，又与《说文》合，未可据毛传改《尔雅》也。"岵，怙也，人所怙取，以为事用也。"

33.《释山》："山上有水曰埒。毕沅曰："'埒'今本讹作'埒'，《尔雅》：'山上有水，埒'，据改。"**埒，脱也，脱而下流也。**"苏舆曰："《释山》郭注'埒，有停泉'，与此下流义不合。《列子·汤问》篇：'壶领正顶有水涌出，一源分为四埒，注于山下。'张湛云：'山上水流曰埒。'与《释名》同。"

34. 《释山》："**山下根之受霤处曰甽。甽，吮也，吮得山之肥润也。**"苏舆曰："《书·皋陶谟》：'濬畎浍。'郑注：'畎，田间沟也。'（畎甽同）《汉书·食货志》颜注：'甽，垄也。'彼以人功所濬，自田间言之，此以自然所造，就山下言之，其为沟垄之称则一，今俗亦并呼为'甽'，霤深而土融，渐成沟形，受滴处土色光润，形如吮物，故云'吮得山之肥润'。甽、吮双声。"

35. 《释山》："**山体曰石。石，格也，坚捍格也。**"毕沅曰："'捍'，俗'扞'字。"苏舆曰："《御览·地部十六》引作："山体曰石，石硌硌也，坚捍硌也。'硌与落同。《道德经》言'落落如石'，义亦通。《礼·学记》：'扞格而不胜。'郑注：'格读如冻洛之洛，扞坚不可入之貌。'石体坚不可入，故云然。"

36. 《释水》："**江，公也，诸水流入其中所公共也。**"苏舆曰："《风俗通》：'江者，贡也，珍物可贡献也。''江''公'取叠均，'江''贡'取双声。"

37. 《释水》："**河，下也，随地下处而通流也。**"苏舆曰："《春秋说题辞》：'河之为言荷也，荷精分布怀阴引度也。'《广雅》：'河，何也。'声较近。"

38. 《释水》："**济**，苏舆曰："《水经·济水》注引《风俗通》云：'济出常山房子县赞皇山。'盖以常山之济当四渎之济。郦道元已驳之。徐锴《说文系传》云：'《汉书》：房子县赞皇山，济水所出，东至廮陶入泜。'此非四渎之济，四渎之济古皆作'沛'。今人多乱之，辨'沛''济'二字甚悉。《汉书·地理志》：'河东垣县，《禹贡》王屋山在东北，沇水所出。'其前载《禹贡》导沇水文，并作'沛'字。又房子县下云：'赞皇山石，济水所出。'《说文·水部》：'济水，出常山房子赞皇山。（济上当从《汉志》加石字，段氏玉裁以为志衍石字，似非）。'又云：'沛，沇也，东入于海。'班、许二书其于'济''沛'二字尚存古人之真。《尚书》《周礼》《春秋三传》《尔雅》《史记》《风俗通》及此书并作'济'，盖相乱已久。《春秋说题辞》：'济之为言齐也。齐者，度也；度者，员也。'《风俗通》亦云：'济者，齐也。齐其度量也。'义各别。《吕览·有始篇》：'河济之间为兖州。'高注：'河出其北，济经其南。'与此合。**济也，言源出河北济河而南也。**"

39. 《释水》："**悬出曰沃泉。水从上下，有所灌沃也。**"苏舆曰："《诗·曹风》：'洌彼下泉。'毛传：'泉下流也。'疏引李巡云：'水泉从上溜下出。'《说文》：'沃，溉灌也。'泉溜高悬，从上而下，若有所灌溉，故云然。"

40.《释水》："侧出曰氿泉。"苏舆曰："《玉篇》：'仄出曰氿泉。'与此合。《说文》又云：'漀，侧出泉也。'是侧出之水又名'漀'。"

41.《释水》："所出同、所归异曰肥泉。"苏舆曰："《尔雅》郭注引毛传云：'所出同、所归异为肥。'与此合。《水经注》引犍为舍人云：'水异出流行合同曰肥。'别一义。《水经注》言：'美沟水东南注淇水，为肥泉。'盖本此为名。"

42.《释水》："水直波曰泾。泾，俓也，言如道俓也。"毕沅曰："'俓'当为'径'，而此书皆从人，姑仍其旧。"苏舆曰："《尔雅》释文'泾'作'俓'，云：'字或作径。'则此'俓'字非误。"

43.《释水》："小洲曰渚。渚，遮也，体高能遮水，使从旁回也。"苏舆曰："渚从者声，遮从庶声，古音同部。《广雅》：'渚，处也。'亦叠均为训。《尔雅》'渚'作'陼'。"

44.《释丘》："三成曰昆仑丘，如昆仑之高而积重也。"苏舆曰："《水经注》引《昆仑说》云：'昆仑之山三级。'故凡丘三重者为昆仑丘。《水经注》又言'三累山，其山层密三成，故俗以三累名山。''三成'犹'三累'矣。"

45.《释丘》："泽中有丘曰都丘，言虫鸟往所都聚也。"苏舆曰："《广雅·释诂》：'都，聚也。'《文选·西京赋》薛注：'都，谓聚会也。'"

46.《释丘》："道出其后曰昌丘。"苏舆曰："此及下'营丘'无义，疑夺文。"

47.《释道》："五达曰康。康，昌也；昌，盛也。车步并列并用之，言充盛也。"苏舆曰："《初学记》引孙炎云：'康，乐也，交会乐道也。'义与此近。"

48.《释道》："六达曰庄。庄，装也，装其上使高也。"苏舆曰："《初学记》引孙炎云：'庄，盛也，道烦盛。'与此义别。"

49.《释道》："俓，经也，人所经由也。"苏舆曰："'径'古读如'经'，本书《释典艺》：'经，径也。'互相训。"

50.《释道》："鹿兔之道曰亢。"毕沅曰："'亢'当作'迒'。《说文》：'迒，兽迹也。'"苏舆曰："《淮南·地形训》高注：'常山人谓伯为亢。'《说文》：'赵魏谓伯为陌。''亢'与'陌'通，亦与'迒'通，不必定改为'迒'，'伯'即'陌'字。《广雅》：'迒，道也。'《尔雅·释兽》疏引《字林》云：'迒，兔道也。'"

51.《释州国》："扬州，州界多水，水波扬也。"毕沅曰："《尔雅》'江南曰扬州'，李巡注：'江南，其气燥劲，厥性轻扬，故曰扬州。'李匡乂《资暇集》乃云：'地多白杨，故曰杨州。'非古训也。"苏舆曰："扬，古本从木，据此云'水波扬'，而无'杨，扬也'之释，则成国乃从手旁取义。《资暇集》所云'地多白杨'，与《春秋元命苞》所云'地多赤杨，故取名焉'，并从木旁取义，盖相传旧训。毕驳殆非。'杨''扬'之辨，王氏念孙《读汉书杂志》言之甚悉。"

52.《释州国》："并州，并，兼并也。"毕沅曰："今本作'并州曰土无也'，谬甚。据《御览》引改正。"苏舆曰："《尔雅》释文引《元命苞》云：'并之言併也，阳合交併，其气勇壮，抱诚信也。'《太康地记》云：'并州不以卫水为号，又不以恒山为称，而言并者，以其在两谷之间也。'别一义。"

53.《释州国》："幽州，在北，幽昧之地也。"苏舆曰："后汉，幽州领涿郡、广阳、代郡、上谷、渔阳、右北平、辽西、辽东、玄菟、乐浪、辽东属国，其地北赢而东缩，故此直云'在北'。《尔雅》郭注：'自易水至北狄。'系括并州言之，与此不同。又《尔雅》释文引李巡云：'燕其气深要，厥性剽疾，故曰幽。幽，要也。'《太康地记》以为因于幽都为名。或云北方太阴，故以幽冥为号。二者相依也，并与此义合。"

54.《释州国》："兖州，取兖水以为名也。"苏舆曰："《尔雅》释文引李巡云：'济河间其气专质，厥性信谨，故曰兖。兖，信也。'此未释兖字之义。"

55.《释州国》："古有营州，齐、卫之地于天文属营室，取其名也。"苏舆曰："'古有'二字统上下言之，以明上释九州皆今地，下营、燕之类，据古制言之，不专指营州也。《公羊》疏引李巡注《尔雅》云：'齐其气清舒，受性平均，故曰营。营，平也。'今为青州。《尔雅》释文：'营者，取营丘以为号。'与此别。"

56.《释州国》："燕，宛也。北方沙漠平广，此地在涿鹿山南，宛宛然以为国都也。"苏舆曰："此春秋时之北燕。召公封于此，武王又封尧后于此，故云'以为国都'。《诗·甘棠》注云：'燕，国名，在《周礼》幽州之域，今涿郡蓟县也。'郡盖因涿鹿得名，'宛'当读如大宛之宛，从《玉篇》音'鸳'。'燕''宛'叠韵。"

57.《释州国》："楚，辛也。其地蛮多，而人性急，数有战争，相争相害，辛楚之祸也。"毕沅曰："此'辛'字当为'苦'。"苏舆曰："'辛楚'二字无烦改易，正释上'辛'字之义，'辛楚'常语，即'苦楚'。陆机诗：'俯仰悲林薄，慷慨含辛楚。'文人多承用之，亦或言'楚辛'。"

58.《释州国》："晋，进也，其地在北，有事于中国，则进而南也。"苏舆曰："晋初封唐，后都绛，献公以后灭虞虢等国，据桃林以西，阻三河以与秦楚各国为难，遂跨有东西之地。以今地考之，自山西平阳、太原以东至北直广平、大名之间，又蔓延于陕西、河南之境（《春秋经》所载雍榆、百泉等地，并在今河南省）。故成国云然。"

59.《释州国》："吴，虞也。"苏舆曰："'虞'与'娱'同，'吴'亦'娱'也，《诗·丝衣》'不吴不傲'，《衡方碑》作'不虞不扬'。"

60.《释州国》："此上十三国，上应列宿，各以其地及于事宜，制此名也，至秦改诸侯、置郡县，随其所在山川土形而立其名，苏舆曰："'秦改'至'其名'《御览》引在'郡，群也'条下。"汉就而因之也。"

61.《释州国》："上党，党，所也，在山上，其所最高，故曰上党也。"苏舆曰："《御览》引《上党记》云：'高平赤壤，其地山阻，百姓不居。'即此郡也。"

62.《释州国》："东海，海在其东也。"苏舆曰："《十道志》云：'海州东海郡置，在朐山县。'《禹贡》徐州之域，春秋鲁国之东境，七国时属楚，为薛郡地，后分薛郡为郯，汉改郯为东海郡。"

63.《释州国》："鄙，否也。"苏舆曰："《文选》杨雄《羽猎赋》注引《尚书大传》郑注云：'否，不也。'下'不能远通'即释'否'字义。本书《释言语》：'否，鄙也。'互相训。"

64.《释州国》："县，县也，毕沅曰："县，于弱反，俗作'悬'，下同。"县系于郡也。"苏舆曰："《风俗通》云：'县，玄也，言当玄静平徭役。'黄恭《十四州记》云：'县者，弦也，言施绳用法，状如弦，弦声近'县'，故以取名。"

65.《释州国》："五百家为党。党，长也，一聚所尊长也。"苏舆曰："《史记·五帝纪》正义：'聚，村落也。'《后汉书·刘平传》注：'小于乡曰聚，有党则有长。'《周官》：'党正，掌其党之政令教治。'是也。'聚'附于'党'，故云：'一聚所尊长。'"

66.《释形体》："胑，枝也，似木之枝格也。"苏舆曰："《御览·人事十六》引正作'似木枝格'，但误在'骨坚而滑也'句下。"

67.《释形体》："肉，柔也。"苏舆曰："此下应言其义，本书之例在于假声以定义，未有空陈其声，而无其义者。诸如此类，疑并夺文。"

68.《释形体》："面，漫也。"苏舆曰："《文选·甘泉赋》注：'漫漫，无厓际之貌，又与曼同。'《封禅文》引音义云：'曼羡，广散也。'是'漫'为'广大'之义，面受眉目鼻口耳，其体广大，故训为'漫'，古人称面为大宅，即'漫'字之旨也，见《文选·七发》刘良注。"

69. 《释形体》："角者，生于额角也。"苏舆曰："《后汉书·光武纪》注引郑玄《尚书中侯注》云：'日角谓中庭骨，起状如日。'案额角即中庭骨。"

70. 《释形体》："颊，鞍也，偃折如鞍也。"苏舆曰："《后汉书·扬雄传》云：'颟颐折頞。'《吴志·诸葛恪传》：'折頞广顙。''折頞'即取'偃折'之义。"

71. 《释形体》："童子。童，重也，肤幕相裹重也；子，小称也，主谓其精明者也。或曰牟子。牟，冒也，相裹冒也。"毕沅曰："今本童字、牟字皆加目旁，俗字也。《说文》：'矇，庐童子也。'又云：'瞳，目童子精瞳也。'又云：'眜，目童子不正也。'又云：'盲，目无牟子。'童牟皆不从目。"苏舆曰："眸与牟同。《礼·内则》郑注：'牟读曰堥'。《荀子·成相》篇杨注：'牟读曰务'，是'牟'有'务'音，'务''冒'同声字也。本书《释首饰》亦云：'牟，冒也。'又《左·昭十二年传》：'王孙牟。'杜预《春秋世族谱》作'髦'，牟、髦亦同声，故上文'髦''毛'并训为'冒'。《孟子·离娄》赵注：'眸子，瞳子也。'"

72. 《释形体》："颐，养也。动于下，止于上，上下咀物，以养人也。或曰辅车，言其骨强，所以辅持口也。"毕沅曰："今本无'言'字，据《一切经音义》引增。《左传正义》引作'可以辅持其口也'。今不从。"苏舆曰："《御览·人事九》引亦无'言'字，作'所以辅持其口'，无'也'字。《易·艮·六五》：'艮其辅。'虞翻云：'辅，面颊骨上颊车者也。三至上体，颐象艮为止，在坎车上，故艮其辅，谓辅车相依。'亦见'颐辅''颊车'互相为名之义。"

73. 《释形体》："口上曰髭。髭，姿也，为姿容之美也。"苏舆曰："《御览·人事十五》引'美也'作'美色'，非。"

74. 《释形体》："颈，俓也，俓挺而长也。"毕沅曰："'俓'当作'径'，而此书通卷皆从人，姑仍其旧，《御览》引无'而'字。"苏舆曰："'俓'字非误，说见前。'挺'亦作'侹'。《尔雅·释水》《释文》云：'俓，挺直也'。"

75. 《释形体》："咽，咽物也。或谓之嚨。在颐下缨理之中也。青徐谓之脰，物投其中，受气而下之也。又谓之嗌，气所流通，扼要之处也。"苏舆曰："《御览·人事九》引'所'下有'以'字，'流通'作'通流'。"

76. 《释形体》："胸，犹啌也，啌气所冲也。"苏舆曰："《御览·人事十二》引无两'也'字，'啌'音许江切。"

77. 《释形体》："膺，雍也，气所雍塞也。"苏舆曰："《广雅》'臆''膺'

'匈'三字义同，成国分释其名耳。"

78.《释形体》："肺，勃也，苏舆曰："《说文》肺从市声，市读若辈，此本音也。亦读如弗，则双声转变。《诗·桑柔·释文》：'肺，又作胇。'作胇者，明从弗音。经传'茀''芾'多通用，乃以声近通转。'市'又读普活切，亦从双声转变也。本书释'肺'为'勃'，及《太玄注》：'肺之为言敷也。'并依'弗'声取训。《白虎通》：'肺之为言费也。'则读如本音。今人读'肺'如'彗'，较'辈'音又微变矣。"言其气勃郁也。"

79.《释形体》："脾，裨也。在胃下，裨助胃气，主化谷也。"苏舆曰："《广雅》：'脾，卑也。''脾''裨'并从卑声。"

80.《释形体》："肾，引也。苏舆曰："《白虎通》：'肾之为言写也，以窍写也。'又云：'窍为之候何？窍能泻水，亦能流濡。''引''泻'同义，'肾''引'叠均。"肾属水，主引水气，灌注诸脉也。"

81.《释形体》："脐，剂也，苏舆曰："剂当读子随反（见《周礼释文》）。《尔雅》：'剂，齐也。''限剂'犹'限齐'，'剂''齐'并同声字。"肠端之所限剂也。"

82.《释形体》："自脐以下曰水腹，水汋所聚也。又曰少腹。少，小也，比于脐以上为小也。"苏舆曰："《御览·人事十二》引'自脐以下'云云，在腹门以自脐二句，并于'腹，複（复）也'条下，'以'并作'已'，'比'下无'于'字。"

83.《释形体》："脬，鞄也。鞄，空虚之言也。主以虚承水汋也。苏舆曰："《史记·扁鹊仓公传》正义云：'膀，横也；胱，广也。体短而又名脬。脬，虚空也，主以虚承水液。'本此为义。"

84.《释形体》："脬……或曰膀胱，言其体短而横广也。"苏舆曰："《淮南·说林训》高注：'膀胱，脬也。'《素问·灵兰秘典论》云：'旁光者，州都之官津液出焉。''旁光'与'膀胱'同。"

85.《释形体》："膈，塞也，隔塞上下，使气与谷不相乱也。"苏舆曰："'使气与谷不相乱'，语意不词，当作'使不与谷气相乱'。《说文》：'匈，心上膈也。'膈在匈间，与下焦膈，故云然。今本倒互其文，则不可通矣。《御览·人事十二》正作'使不与谷气相乱'。"

86.《释形体》："肩，坚也。甲，阖也，与胸胁背相会阖也。"苏舆曰："《御览·人事十八》引'甲'作'胛'。《说文》：'髆，肩甲也。'"

87.《释形体》："臂，裨也，在旁曰裨也。"苏舆曰："臂、裨双声，古音同在一部。《说文》：'臂，手上也。'又云：'裨，接也，益也。'《广韵》：'裨，附也，助也。'凡物相附助者多在旁，臂在身两旁，与手有相为附助之形，故云然。《文选·为袁绍檄豫州文》注：'裨师，偏师也。'训裨为偏，偏亦旁也。俗以裨益之裨作裨，以偏裨之裨别造为裨字，而在旁为裨之义几晦矣。"

88.《释形体》："腕，宛也，言可宛屈也。"苏舆曰："《御览·人事十》引言下无'可'字。"

89.《释形体》："要，约也，在体之中约结而小也。"苏舆曰："《御览·人事十二》引作：'腰，约也，在体之后，约体大而小也。'"

90.《释形体》："尻，廖也，尻所在廖牢深也。"毕沅曰："于此当有'又枢也'三字，乃能使上下文相联属。"苏舆曰："《御览·人事十七》引'所在'上无'尻'字。《说文》：'脽，尻也。'"先谦曰："吴校删'尻'字。"

91.《释形体》："髀，卑也，在下称也。"苏舆曰："髀从卑声，故训为卑。《说文》：'髀，股外也。古文作䏶。'郑司农注《典同》云：'钟形下当踔（据余本嘉靖本）。'段玉裁云：'踔当是庳之假字。'庳亦卑也。"

92.《释形体》："膝，伸也，可屈伸也。"苏舆曰："伸从申声，膝从桼声，段氏《音均表》申声、桼声之字，同在古音十二部。"

93.《释形体》："膝头曰膊。膊，团也，因形团而名之也。或曰蹁。蹁，扁也，亦因形而名之也。"苏舆曰："《说文》：'蹁，足不正也，从足，扁声，或曰遍。'《诗·白华》'有扁斯石'毛传：'扁扁，乘石貌。'

94.《释形体》："趾，止也，苏舆曰："《易·艮》：'初六，艮其趾。'荀作'止'。'趾''止'字通。"言一进一止也。"

95.《释形体》："踝，确也，居足两旁，踑确然也，亦因其形踝踝然也。"苏舆曰："《玉篇》：'踑，坚硬也。'本书'项'下云：'坚确受枕之处。'是'踑''确'二字并取'坚'义。《御览·人事十三》引作'踝，跙踊也'，亦因其形踝踝也。"

96.《释形体》："足后曰跟，在下方著地，一体任之，象木根也。又谓之踵，踵，钟也，钟聚也，体之所钟聚也。"毕沅曰："一本作'上体之所钟聚也'。"苏舆曰："《御览·人事十三》引作'上体之所钟聚也'。"

97.《释姿容》："跳，条也，如草木枝条务上行也。"苏舆曰："《广雅·释诂》：'跳，上也。'《汉书·地理志》'艸繇木条'颜注：'条，修畅也。'草木之畅生，自下而上，人之跳跃亦自下而上，故以为喻。"

98.《释姿容》："捉，促也，使相促及也。"苏舆曰："《说文》：'捉，搤也。''捉''促'字通。《庄子·庚桑楚》释文：'捉，崔本作促。'是其证。"

99.《释姿容》："摩娑，犹末杀也，手上下之言也。"苏舆曰："《方言》：'摩，灭也。'《庄子·徐无鬼》释文引王注云：'摩，消灭也。''末杀'亦有'灭'义。凡物以手摩之，则消灭，故'摩娑''末杀'互相取训，此以双字释双字者。"

100.《释姿容》："蹙，遒也，遒迫之也。"苏舆曰："《说文》：'遒，迫也。'或作逎。《楚辞·招魂》：'遒相迫些。'本书《释天》：'秋，緧也，緧迫万物。''緧''遒'并通。《广雅》：'蹙遒，迫急也。'又云：'蹙遒，迫也。'与此义同。《释训》：'速速蹙蹙，惟逑鞠也。'郭璞《音义》：'逑，迫也'，'逑''遒'同声。"

101.《释姿容》："望羊。羊，阳也。言阳气在上，举头高，似若望之然也。"苏舆曰："《洪范·五行传》郑注：'羊畜之远视者属视。'故望远取义于羊。《家语·辨乐篇》注：'望羊，远视也。'《庄子·秋水篇》：'望洋向若。'《释文》作'盳洋'，引司马、崔云：'盳洋，犹望羊，仰视貌。'《论衡·骨相篇》：'武王望阳。'言望视太阳也，'望阳'即'望羊'，与此义合。"

102.《释姿容》："眠，苏舆曰："《御览·人事三十四》引正作'瞑'。"泯也，无知泯泯也。"

103.《释姿容》："笑，钞也，颊皮上钞者也。"苏舆曰："此'钞'字非本义，盖取敛撮之意。本书《释首饰》云：'绡，钞也，钞发使上从也。齐人谓之帻，言敛发使上从也。'是'钞''敛'义同，人笑则颊皮敛撮，故云。今俗犹呼物相敛著者为钞。"

104.《释长幼》："儿始能行曰孺子。孺，濡也，言濡弱也。"苏舆曰："二句《御览·人事二十五》引作：'孺，弱也。'"

105.《释长幼》："七十曰耄，头发白耄耄然也。"苏舆曰："《御览·人事二十四》引无'白'字。"

106.《释长幼》："九十曰鲐背，背有鲐文也。或曰黄耇，鬓发变黄也；耇，垢也，皮色骊黱，恒如有垢者也。或曰胡耇，咽皮如鸡胡也。苏舆曰："《御览·人事二十四》引无'咽'字。"或曰冻梨，皮有班点，如冻梨色也。"

107.《释长幼》："九十曰鲐背……或曰鲵齿。"毕沅曰："今本'齿'亦误作

‘觏’，据《艺文类聚》《御览》引改。”苏舆曰：“《御览·人事二十四》引‘觏’作‘兒’。”

108. 《释长幼》：“九十曰鲐背……大齿落尽，更生细者，如小儿齿也。”苏舆曰：“《御览·人事二十四》引‘细者’作‘细齿’。”

109. 《释亲属》：“亲，襯也，言相隐襯也。”苏舆曰：“‘襯’疑当作‘儭’。《释亲》释文引《说文》云：‘亲，至也。’《苍颉篇》云：‘亲，爱也，近也。’《一切经音义》四：‘儭，且吝反，又义觐反。’‘儭，至也，近也，又作寴。《说文》：‘寴，至也，从宀。亲声。’是‘儭’与‘親’声义并近。隐，痛也。‘相隐儭’犹言‘相痛爱’。《白虎通·九族篇》云：‘一家有吉，百家聚之，合而为亲。’生相亲爱，死相哀痛，即此‘隐儭’之义。‘襯’‘儭’形近易讹。《广雅·释诂》：‘儭，佽也。’影宋本作‘儭’，各本皆作‘襯’。其误正与此同。”

110. 《释亲属》：“夫之母曰姑，亦言故也。”毕沅曰：“‘亦’者，亦前文‘父之姊妹曰姑’也。”苏舆曰：“‘亦’上当有‘姑’字。《御览·宗亲七》引作‘姑，言故也’。《御览》脱‘亦’字，此脱‘姑’字耳。”

111. 《释亲属》：“母之姊妹曰姨，亦如之。毕沅曰：“‘亦如之’者，亦言与己母相长弟也。”苏舆曰：“据此，则呼母党为姨，自汉已然。盖子效父言，古无是称也。故成国别之云‘礼谓之从母’。今俗呼为‘姨母’。”礼谓之从母，为娣而来，则从母列也。故虽不来，犹以此名之也。”

112. 《释亲属》：“嫂，叟也。叟，老者称也。”苏舆曰：“《御览·宗亲七》引作‘嫂，叟也，老称也’。”

113. 《释亲属》：“嫂……叟，缩也，人及物老，皆缩小于旧也。”苏舆曰：“本书《释疾病》：‘瞍，缩坏也。’‘叟’‘瞍’同声字，故并训‘缩’，‘叟’‘缩’声之转。”

114. 《释亲属》：“叔，少也，幼者称也。叔，亦俶也。见嫂，俶然却退也。”苏舆曰：“‘俶’与‘踧’同，‘俶然’犹云‘踧然’，《一切经音义》十三引《字林》：‘踧踏，不进也。’‘不进’即‘却退’之义。嫂叔别嫌，故见而却退。”

115. 《释亲属》：“夫之兄曰公。公，君也；君，尊称也。俗间曰兄章。章，灼也，章灼敬奉之也。又曰兄伀，言是己所敬忌，见之怔忪，毕沅曰：“今本作‘怔忡’，据《一切经音义》引改。”案：‘《方言》作‘怔忪’云：‘皇遽也。’”苏舆曰：“‘怔忪’与‘征伀’同。《广雅·释诂》：‘征伀，惧也。’王褒《四子讲德论》：‘百姓佂伀，无所措其手足。'《潜夫论》：'乃复佂松如前。'并取'惶惧'之义。《广雅·释训》又云：'屏营，佂伀也。'《汉书·王莽传》'人民正营'，颜注：'正营，惶恐不安之意也。''正营'即'佂伀'语之转。此云'见之佂松'，言见兄伀则心为惶恐起，自肃齐，故上云'是己所敬忌'。以'兄伀'字例之，此宜一律作'佂伀'。"**自肃齐也。俗或谓舅曰章，又曰伀，亦如之也。**"

116.《释亲属》："士庶人曰妻。妻，齐也，夫贱不足以尊称，故齐等言也。"苏舆曰："《白虎通》：'妻者，齐也，与夫齐礼也。'《广雅》：'妻，齐也。'"

117.《释亲属》："天子妾有嫔。嫔，宾也，诸妾之中见宾敬也。"苏舆曰："《周礼·太宰》郑注：'嫔，故书作宾。''嫔''宾'字同。'嫔'为妇官，次于三夫人后，故云于'诸妾之中见宾敬'。"

118.《释亲属》："妾，接也，以贱见接幸也。"毕沅曰："《一切经音义》引曰：'嬖，卑贱，婢妾媚以色事人得幸者也。'"苏舆曰："《礼·内则》：'聘则为妻，奔则为妾。'郑注：'妾之言接也，闻彼有礼，走而往焉，以得接见于君子也。'"

119.《释亲属》："匹，辟也，往相辟耦也。"苏舆曰："《白虎通·爵篇》云：'庶人称匹夫者，匹，偶也，与其妻为偶，阴阳相成之义也。一夫一妇成一室，明人君者，不可使男女有过失时，无匹偶也。'耦、偶同，'辟耦'犹上云'辈耦'。《广雅·释诂》：'匹，辈也。'"

120.《释言语》："慢，漫也，漫漫，心无所限忌也。"苏舆曰："《诗·荡》传：'滔，漫也。'《释文》本又作'慢'。慢、漫同。'漫漫'为无涯际之貌（见《文选·甘泉赋》注）。故云'心无所限忌'。"

121.《释言语》："敏，闵也，进叙无否滞之言也，故汝颍言敏如闵也。"苏舆曰："《说文》：'敏，疾也。'即'无否滞'之义，又《礼·中庸》注云：'敏，勉也。'凡事勉则疾速无滞，义相成。《书·君奭》伪孔传：'闵，勉也。'是'敏''闵'同有'勉'意。'闵'又同'黾'，'黾''勉'连文，'黾'亦'勉'也，'进叙'当作'进取'，'进取'亦'黾勉'之意，'取''叙'形近而讹。"

122.《释言语》："笃，筑也；筑，坚实称也。"苏舆曰："《释诂》：'笃，厚也。'厚则坚实，义相成。《说文》：'筑，捣也。'凡捣筑务坚实，故云。"

123.《释言语》："懿，傻也，言奥傻也。"毕沅曰："胡本作傻奥。"苏舆曰："《小尔雅·广诂》：'懿，深也。'《诗·七月》毛传：'懿筐，深筐也。'孔疏：'懿者，深邃之言。'此以'奥偯'释'懿'，盖取'深邃'之义。本书《释天》：'阴，荫也，气在内奥荫也。''奥荫'即'深邃'之旨。《说文》：'偯，仿佛也。'《礼·祭义》释文：'偯，音爱，微见貌。'正义：'偯，仿佛见也。'《尔雅·释言》：'菱，隐也。''偯''菱'字同，并与'深邃'义合。"

124.《释言语》："序，抒也，抴抒其实也。"毕沅曰："今本'抒'作'杼'，'抴'作'拽'，从段校本改。"苏舆曰："'序'与'叙'同，本书《释典艺》：'叙，抒也，抒泄其实，宣见之也。''抴抒'犹'抒泄。'"

125.《释言语》："导，陶也，陶演己意也。"苏舆曰："《史记·司马相如传》正义：'导，导引也。'本书《释姿容》：'引，演也。'下文'演'训'延'，'延'亦'引'也，是'导''演'同意。《文选·七发》注引《韩诗章句》云：'陶，畅也。''畅'与'引'义相属。'陶演己意'犹云'畅引己意'。"

126.《释言语》："识，帜也，有章帜可按视也。"苏舆曰："《史记·高祖纪》索隐：'帜或作识，或作志。'是'识''帜'字同。'帜'之本义为旌旗之属，军事以旌旗为幖识也（《史记索隐》又引《字诂》云：'帜，幖也。'）引申为'凡有幖记者'之称。"

127.《释言语》："是，嗜也，人嗜乐之也。"苏舆曰："《颜氏家训·音辞篇》：'南人呼是为舐。'此训'是'为'嗜'，音亦近'舐'。"

128.《释言语》："业，捷也，事捷乃有功业也。"苏舆曰："《论语》：'敏则有功。'何晏《集解》引孔氏云：'应事疾，则多成功。'与此义合。"

129.《释言语》："取，趣也。"苏舆曰："《庄子·齐物论》：'趣舍不同。'《释文》：'趣，本或作取。''趣''取'字同。事之有可取者，人争趣之，故训'取'为'趣'，'趣'与'趋'同。"

130.《释言语》："好，巧也，苏舆曰："《月令》郑注：'淫巧，谓奢伪怪好也。'以'怪好'释'巧'，与此转注。"如巧者之造物，无不皆善，人好之也。"

131.《释言语》："拙，屈也，使物否屈不为用也。"苏舆曰："《墨子·贵义篇》：'不利于人谓之拙。'"

132.《释言语》："燥，焦也。"毕沅曰："'焦'本皆作'燋'，俗。"苏舆曰："《广雅·释诂》：'燥，干也。'干亦焦也。《春秋繁露·循天之道篇》：'为热则焦沙烂石。'亦燥为'焦'之义。"

133.《释言语》："弱，衄也，又言委也。"毕沅曰："本多脱'又'字，今从胡本。"苏舆曰："《广雅·释言》：'衄，缩也。'本书'辱，衄也，言折衄也'。'折衄'即'缩衄'，并与'弱'义合。《说文》：'委，随也。'《楚词·哀时命》'欿愁悴而委惰兮。''委随''委惰'并'弱'意。"

134.《释言语》："贱，践也，卑下见践履也。"苏舆曰："《广雅·释言》：'贱，卑也。'"

135.《释言语》："踨，従也，人形従之也。"苏舆曰："《诗·羔羊》传：'委蛇，形可従迹也。'《释文》：'従，字又作踨。'《汉书·张汤传》：'上问变事従迹安起。'颜注：'従读曰踨。'是'踨''従'字同。人行形随，则有踨可见。《公羊·隐八年传》何注：'従，随行也。'"

136.《释言语》："跡，積也，積累而前也。"毕沅曰："《说文》无'跡'字，当作'迹'。"苏舆曰："《说文》：'迹，步处也。从辵，亦声，或从足責。'字作'蹟'。積，《说文》：'聚也，从禾，責声。'是'蹟''積'并从'責'得声。《荀子·劝学篇》：'故不積跬步，无以至千里。'即此'積累而前'之意。"

137.《释言语》："扶，傅也，傅近之也。"苏舆曰："'傅'与'附'同。《汉书·天文志》注引晋灼云：'扶，附也。'《方言》：'扶，护也。'下云'将，就护之也。'亦从扶声近之字取义。"

138.《释言语》："将，就护之也。"苏舆曰："《诗·樛木》：'福履将之。'郑笺：'将，犹扶助也。'《广雅·释言》：'将，扶也。'《荀子·成相篇》'吏请将之'，杨注：'将，持也。''扶助''扶持'并与'救护'义近，但以本书例之。'将'下疑有夺文。"

139.《释言语》："缚，薄也，使相薄著也。"苏舆曰："《说文》：'缚，束也，从糸，專声。'本书'薄，迫也，单薄相逼迫也'。'相逼迫'即'束缚'之义，《易·说卦》释文引陆注：'薄，相附薄也。''薄著'犹云'附著'。"

140.《释言语》："覆，孚也，如孚甲之在物外也。"苏舆曰："《周语》韦昭注：'孚，覆也。'与此转注。《诗·大田》笺：'方谓孚甲始生。'孔疏：'孚者，米外之粟皮，甲者，以在米外，若铠甲之在人表。'"

141.《释言语》："盖，加也，加物上也。"苏舆曰："本书《释车》：'盖'在上覆盖人也。''盖'有'覆'义，故训为'加'。《说文》：'盖，覆也。'此承上为义。"

142.《释言语》："侍，时也，尊者不言，常于时供所当进者也。"苏舆曰："《论语·先进》皇疏：'卑者侍尊者之侧曰侍。'《广雅·释言》'时，伺也'，与《论语》'孔子時其亡也'之'時'义同。卑侍尊侧，专为伺候，先意承志，相谕无言，如《曲礼》所云'视于无声，听于无形'，《内则》所云'若饮食之虽不欲，必尝而待加之，衣服虽不欲，必服而待'之类，是其事也。'時'有'伺'义，故'侍'可训'時'，'侍''時'并从寺声，成国依声为训，故云然。"

143. 《释言语》："御，语也，尊者将有所欲，先语之也。亦言其职卑下，尊者所勒御，如御牛马然也。"苏舆曰："《天官·序官》注云：'御，犹进也，侍也。'《春秋·桓公十四年》：'郑伯使其弟语来聘。'《榖梁》'语'作'禦'，禦、御同，是'御''语'字通也。《说文》：'御，使马也，从彳从卸。'与后说同。"

144. 《释言语》："候，护也，司护诸事也。"毕沅曰："司，息吏反。"苏舆曰："《说文》：'候，伺望也。'《广雅·释诂》：'候，覗也。'即司护意，毕读是。"

145. 《释言语》："消，削也，言减削也。"苏舆曰："'消''削'俱从肖声。《易·剥》释文：'削本作消。'消削同。《广雅·释诂》：'削，减也。'"

146. 《释言语》："宄，佹也，佹易常正也。"苏舆曰："《说文》：'宄，奸也，外为盗，内为宄，从宀，九声，读若轨。'此与'奸'相承为义，'佹'与'诡'同，'佹''宄'叠韵。"

147. 《释言语》："来，哀也，使来入己哀之，故其言之，低头以招之也。"毕沅曰："'哀'似当为'依'，亦读乌皆反。"苏舆曰："此'哀'字与'悲哀'义别，当训为'依'，'哀''依'字通，义亦同，不必改字为'依'。《说文》：'哀，从口，衣声。'《心部》引《孝经》'哭不哀'作'哭不惢'云：'从心，依声。'日本古文《孝经》'哀'又作'依'，则知'哀''依'本通，故悲哀之'哀'亦可作'依'。《说文》：'依，倚也。'此云'使来入己哀之'，犹言'使来入己依之'耳。"

148. 《释言语》："粗，错也，相远之言也。"苏舆曰："《荀子·正名篇》杨注：'粗，疏略也。'下训'疏'为'获索相远'，即此义。"

149. 《释言语》："疏，索也，获索相远也。"苏舆曰："《广雅·释诂》：'疏，远也。''疏''索'一声之转。'获索'未详，盖其时方语。《礼·檀弓》'吾离群而索居'注：'索，犹散也。'《淮南·俶真训》高注：'疏，跃布散也。'皆'相远'之义。"

150. 《释言语》："甘，含也，人所含也。"苏舆曰："本书《释饮食》：含，合也，合口亭之也。《说文》：'甘，美也，从口含一。'《淮南·览冥训》高注：'甘，犹耆也。物之甘美者人所耆，推之于事亦然。''甘''含'叠韵。"

151.《释言语》："苦，吐也。人所吐也。"苏舆曰："《说文》：'苦，大苦苓也。'因之，凡物之苦者皆谓之'苦'，又引申为'厌苦'之义。《一切经音义·十一》引《仓颉》云：'吐，弃也。''苦''吐'叠韵。"

152.《释言语》："危，阢也，阢阢不固之言也。"苏舆曰："'阢'与'杌'同，《书·泰誓》伪孔传：'杌隉，不安言危也。'"

153.《释言语》："败，溃也。"苏舆曰："《说文》溃训漏，谊微别。此《说文》之'殨'，《歺部》云：'殨，烂也。'《辵部》云：'遀，数也。''数''烂'义近，故可互训，后世言军事不胜曰败溃，二字亦为恒言通谊矣。"

154.《释言语》："乱，浑也。"苏舆曰："《说文》：'浑，溷流声也。''溷，乱也。'二字义本相因。《素问·三部九候论》王注：'浑，浑乱也。'与此互训。"

155.《释言语》："治，值也，物皆值其所也。"苏舆曰："值，当也，言物皆当其所。《汉书·韩安国传》：'公等足与治乎？'颜注：'治，谓当敌也。'今人犹云'对治'，然则'治'有'当'义，故训'值'，'治''值'叠韵。凡事治则条理秩然，物皆得所矣。"

156.《释言语》："沈，澹也，澹然安著之言也。"苏舆曰："澹当读如《论语》'澹台'之澹，音谈，'沈''澹'同声。《史记·陈涉世家》：'夥颐，涉之为王沈沈者。'《索隐》引刘伯庄云：'沈沈犹谈谈，谓故人呼为沈沈，犹俗云谈谈，深也。'是'沈'音近'谈'之证。《文选·海赋》注：'澹泞，澄深也。'凡事深沈则安著矣，义相比傅。"

157.《释言语》："浮，孚也，孚甲在上称也。"苏舆曰："'孚甲在上'，与上云'孚甲在物外'相应为义，'浮'从'孚'声。《礼·坊记》注：'在上曰浮。'故取在上之孚甲为况。"

158.《释言语》："贪，探也，探取入他分也。"苏舆曰："《说文》：'探，远取之也。'物非己有，而妄意取之，故云'探取入他分'。"

159.《释言语》："廉，敛也，自检敛也。"苏舆曰："《说文》：'廉，仄也，从广，兼声。'案凡物逼仄则敛著，是仄亦有敛义，引申为立行清廉，能自摄敛之称。《书·伊训》孔疏：'检，谓自摄敛也。'人廉洁则知检敛矣。"

160.《释言语》："污，洿也，如洿泥也。"苏舆曰："《说文》：'洿，浊水不流也，一曰窳下也。'《左·文六年传》孔疏：'洿者，秽之别名也，不洁之称也。'《荀子·性恶篇》杨注：'洿，秽行也。'"

161.《释言语》："公，广也，可广施也。"苏舆曰："《周书·谥法》：'立制及众曰公。'太子晋伯能移善于众，与百姓同，谓之公，皆广施之义，'公''广'双声。"

162.《释言语》："私，恤也，所恤念也。"苏舆曰："《离骚》：'皇天无私阿
兮。'王注：'窃爱为私。'窃爱即恤念意。晋傅咸诗：'进则无云补，退则恤其私。'亦此私恤之
义，《广韵》'私'在六脂，'恤'在六术。"

163.《释言语》："怯，胁也，见敌恐胁也。"苏舆曰："《广雅·释诂》：
'胁，怯也。'与此互训。《一切经音义·十四》引《公羊传》刘兆注：'胁，畏迫也。'《淮南·
本经训》高注：'胁，恐也。'与此合。"

164.《释饮食》："吮，循也，不绝口，稍引滋汋，循咽而下也。"苏
舆曰："吮从允声，循从盾声，允、盾叠韵。本书《释形体》：汋，泽也。"

165.《释饮食》："含，合也。合，口亭之也。衔亦然也。"苏舆曰：
"亭与停同。本书《释官室》：'亭，停也。'《释言语》：'停，定也。'含物必合口，故云。《说
文》：'含，嗛也，从口，今声。'含、合声转。"

166.《释饮食》："兽曰齧。齧，齾齾，所临则秃齾也。"苏舆曰："《说
文》：'齾，齿缺也。'秃齾犹云秃缺。《广韵》：'鸟食之余为齾。'与此同，盖引申义。"

167.《释饮食》："饼，并也，溲面使合并也。胡饼作之，大漫沍
也。"苏舆曰："《御览·饮食十八》引'漫沍'作'慢汗'。"

168.《释饮食》："羹，汪也，汁汪郎也。"苏舆曰："《释器》：'肉谓之羹。'
《御览·饮食十九》引《尔雅》旧说：'肉有汁曰羹。'"

169.《释饮食》："鲊，菹也，以盐米酿鱼以为菹，毕沅曰："今本作'以
盐米酿之如菹'，据《广韵》引改。"苏舆曰："《御览·饮食二十》亦作'以盐米酿之如菹'。"
熟而食之也。"

170.《释饮食》："脯，迫也，薄椓肉迫著物使燥也。"苏舆曰："《仪
礼·士丧礼》'两胉亚'，郑注：'今文胉为迫。'《周礼·醢人》'豚拍，鱼醢'，司农注：'郑大
夫、杜子春皆以为拍为脯。'脯、胉、迫、拍并同字。"

171.《释饮食》："脍，会也。细切肉，令散分，其赤白异切之，已
乃会合和之也。"苏舆曰："《御览·饮食二十》引'散'上无'令'字，末句作'乃会和
之也'。《说文》：'脍，细切肉也。'"

172.《释饮食》："釜炙，于釜汁中和熟之也。"苏舆曰："《御览·饮食二
十一》引作'于釜中汁和熟之也。'"

173.《释饮食》："貊炙，全体炙之，各自以刀割，出于胡貊之为也。"苏舆曰："《御览·八百五十九》引《搜神记》云：'羌煮貊炙，翟之食也。自太始以来，中国尚之。'"

174.《释饮食》："血𦝣，苏舆曰："《御览·饮食十七》引'𦝣'作'衇'，音苦滥反，引《说文》云：'羊血曰衉'。"以血作之，增其酢豉之味，使甚苦，以消酒也。"

175.《释饮食》："肺䐄，䐄（sǔn），饡也，以米糁之，如膏饡也。"苏舆曰："《御览·饮食十七》引无'䐄'字，'以'作'全'。卢谌《祭法》云：'四时祠皆用肺䐄。'亦见《御览》引。"

176.《释饮食》："饴，苏舆曰："此下当有'怡也'二字。"小弱于饧，形怡怡然也。"

177.《释饮食》："酒，酉也，酿之米麹酉泽，久而味美也。亦言踧也，能否皆强相踧，持饮之也。苏舆曰："《御览·饮食一》引无'饮之'二字。"又入口咽之，皆踧其面也。"

178.《释采帛》："练，烂也，煮使委烂也。"苏舆曰："《说文》：'练，湅（liàn）绢也，从糸，柬声。'《华严经音义》引《珠丛》云：'煮丝令熟曰练。'此练之本义，引申为凡事练熟之称。《汉书·薛宣传》'练国制度'，颜注：'练犹熟也。'《文选·韦孟·讽谏诗》'瞻惟我王，时靡不委'，李注：'委，练也。''练熟''练委'并原于此训。"

179.《释采帛》："绫，凌也，其文望之如冰凌之理也。"苏舆曰："《说文》：'东齐谓布帛之细者曰绫，从糸，夌声'，'绫''凌'叠均。《初学记》引《风俗通》：'积冰曰凌，以其文理细净，有似冰凌之色，故云。'"

180.《释采帛》："罗，文罗疏也。"苏舆曰："'文罗'下当更有'罗'字，《初学记》诸书引并脱。罗罗，疏貌，言文理罗罗而疏也。上云'文修修然'，此云'文罗罗疏'，正一例。本书《释宫室》：'篱，离也，疏离离然也。''罗''离'声近，'罗罗疏'犹彼云'疏离离'矣。《世说》：'司马太傅为二王目曰：孝伯亭亭直上，阿大罗罗清疏。'足证'罗罗'二字之义。"

181.《释采帛》："筚辟，经丝贯杼中，一间并，一间疏，疏者筚筚然，并者历辟而密也。"苏舆曰："本书《释天》'历辟，析也，所历皆破析也。'亦此

'历辟'之义。析其丝令细织之，故密也。"

182.《释采帛》："縠，粟也，其形戚戚，苏舆曰："《御览·布帛三》引'縠'作'縠'，云：'縠，粟也，其形戚戚如也。'无以下文。视之如粟也。又谓之沙，亦取戚戚如沙也。"

183.《释采帛》："繐，惠也，齐人谓凉为惠，言服之轻细凉惠也。"苏舆曰："《御览·布帛七》引'惠'作'慧'，'惠''慧'同。"

184.《释首饰》："冠，贯也，所以贯韬发也。"苏舆曰："《白虎通·冠绋篇》：'所以有冠者何？冠者，棬也，所以棬持其发者也。'汪绳祖云：'棬当作帣，帣与贯声义通。'"

185.《释首饰》："祭服曰冕。冕，犹俛也；俛，平直貌也。"苏舆曰："《御览·服章三》引'俛'下无'也'字。《白虎通·论冕制》云：'礼曰：周冕而祭。'又云：'十一月之时，阳气俛仰，黄泉之下，万物被施如冕，前俛而后仰，故谓之冕也。'《后汉书·明帝纪》注引《三礼图》云：'冕以十三升布染而为之，广八寸，长尺六寸，前圆后方，前下后高，有俯伏之形，故谓之冕，欲人之位弥高而志弥下，故以名焉。'"

186.《释首饰》："冕……亦言文也。"苏舆曰："《御览·服章三》引无此句。"

187.《释首饰》："冕……玄上纁下，前后垂珠，有文饰也。"苏舆曰："《御览·服章三》引应劭《汉官仪》云：'周冕与古冕略等，周加垂旒，天子前后垂，真白珠各十二。'据此，则垂真白珠不始于汉。又蔡邕《独断》云：'汉明帝采《尚书·皋繇》及《周官》《礼记》以定冕制，皆广七寸，长尺二寸，系白珠于其端，十二旒，三公及诸侯九旒，卿七旒。'"

188.《释首饰》："有衮冕。衮，卷也，画卷龙于衣也。"苏舆曰："《御览·服章三》引挚氏《决疑要注》云：'秦除六冕之制，明帝永平中，使诸儒案古文始复造衮冕。'"

189.《释首饰》："章甫，殷冠名也。甫，丈夫也，服之所以表章丈夫也。"苏舆曰："丈夫，《御览·服章二》引并作'大夫'。"

190.《释首饰》："牟追。牟，冒也，言其形冒发追追然也。"苏舆曰："追追，大貌。《白虎通·冠绋篇》：'夏统十三月为正，其饰最大，故曰毋追，毋追者，言其追大也。'是以'追'训'大'之证。"

191.《释首饰》："委貌，冠形委曲之貌，上小下大也。"苏舆曰："《白虎通》：‘所以谓之委貌何？周统十一月为正，万物始萌，小，故为冠饰最小，故曰委貌。’委貌者，言委曲有貌也，与此合。《士冠礼》：‘委貌，周道也。’”

192. 《释首饰》：“弁，如两手相合抃时也。”苏舆曰：“《白虎通》：‘弁之为言攀也，所以攀持其发也。’《士冠礼》郑注：‘弁，名出于槃。槃，大也。’‘拚’‘攀’‘槃’并声近字。”

193. 《释首饰》：“弁……以爵韦为之，谓之爵弁。”苏舆曰：“《白虎通》：‘爵弁者何谓也？其色如爵头，周人宗庙士之冠也。’《御览·服章三》引董巴《舆服志》：‘爵弁，一名冕，广八寸，长尺二寸，如爵形，前小后大，其上似爵头色，有收持笄，所谓殷收夏冔者也。’”

194. 《释首饰》：“帻，賾也，下齐眉賾然也。”苏舆曰：“《后汉书·舆服志》：‘帻者，赜也，头首严赜也。’”

195. 《释首饰》：“帻……或曰兑，上小下大，兑兑然也。”苏舆曰：“上小下大，其形尖锐，故象其形而呼为兑也，‘兑’古通作‘锐’。”

196. 《释首饰》：“梳，言其齿疏也，数言比。比于梳，其齿差数也。比，言细相比也。”苏舆曰：“《御览·服用十六》引云：‘枇，言其细相比也。’”

197. 《释首饰》：“王后首饰曰副。副，覆也，以覆首。亦言副贰也，兼用众物成其饰也。步摇，上有垂珠，步则摇动也。”苏舆曰：“《御览·服用十七》引宋玉《风赋》：‘主人之女，垂珠步摇。’又引《晋令》云：‘步摇蔽髻，皆为禁物。’然则‘步摇’汉世贵贱通用，迄晋而废也。”

198. 《释首饰》：“华胜。华，象草木华也；胜，言人形容正等，一人著之则胜。”苏舆曰：“《玉烛宝典》一引云：‘花，象草木花也。言人形容政等，著之则胜。’《御览·服用二十一》引亦云：‘花胜，草花也，言人形容正等，著之则胜。’”

199. 《释首饰》：“钗，叉也，象叉之形，因名之也。爵钗，钗头施爵也。”苏舆曰：“爵与雀同。曹植《美女篇》：‘头插金爵钗，腰佩翠琅玕。’晋令：六品以下得服爵钗，以蔽髻，三品以上服金钗。是爵钗男女得通服之矣。”

200. 《释首饰》：“穿耳施珠曰珰，此本出蛮夷所为也。”苏舆曰：“《御览·服用二十》引此句在上条‘自镇重也’下，合为一条。”

201. 《释首饰》：“珰……蛮夷妇女轻浮好走，故以此珰锤之也，今中国人效之耳。”苏舆曰：“《御览·服用二十》引作‘今中国用耳珰，效之也’。”

202.《释首饰》："黛，代也，灭眉毛去之，以此画，代其处也。"苏舆曰："《御览·服用二十一》引作'灭去眉毛，以此代其处也'。"

203.《释首饰》："香泽者，苏舆曰："《御览·服用二十一》引无'香'字、'者'字'，并在'唇脂'条上，是宋时所见本此条在'唇脂'前。"人发恒枯顇，以此濡泽之也。"

204.《释首饰》："以丹注面曰旳。"苏舆曰："王粲《神女赋》：'施华旳，结羽钗。'傅玄《镜赋》：'珥明珰之迢迢，点双旳以发姿。'则旳本妇人饰容之具。"

205.《释首饰》："旳，灼也，苏舆曰："《说文·日部》：'旳，明也，从日，勺声。'《火部》：'灼，炙也。''焯，明也。'此'灼'训'明'，字当作'焯'，经传多假'灼'为'焯'（如《周书》'焯见'今本作'灼见'之类），而二字虽通用无别矣。"此本天子、诸侯群妾当以次进御，其有月事者，止而不御，重以口说，故注此丹于面，灼然为识，女史见之，则不书其名于第录也。"

206.《释衣服》："襟，禁也，交于前，苏舆曰："经传'襟''衿'通用。《方言》：'衿谓之交。'《文选》陆士衡《赠从兄车骑诗》注：'衿，犹前也。'即此'交于前'之义。《颜氏家训·书证篇》云：《诗》言'青青子衿'，传曰：'青衿，青领也，学子之服。'"案："古者斜领下连于衿，故谓'领'为'衿'。孙炎、郭璞注《尔雅》，曹大家注《列女传》并云：'衿，交领也。'"案："衿，即领之下施而交于前者，颜所引并以衿领为一，成国则分释其字义耳。"所以禁御风寒也。"

207.《释衣服》："紟，亦禁也，禁使不得解散也。"苏舆曰："'紟'字亦作'衿'。本书《释丧制》亦云：'衿，禁也，禁系之也。'《礼·内则》：'衿缨綦屦。'郑注：'衿，犹紟也。'《玉篇》：'衿，结衣也。''结'亦有'禁'义。"

208.《释衣服》："带，蔕也，著于衣，如物之系蔕也。"苏舆曰："《御览·服用十三》引作'如物蔕也'。"

209.《释衣服》："裾，倨也，倨倨然直。苏舆曰："《方言·四》：'袿谓之裾。'郭注：'裾，衣后裾也。'《荀子·宥坐篇》杨注：'裾与倨同。'又《子道篇》注：'裾裾，衣服盛貌。''裾裾'即'倨倨'。"亦言在后，常见踞也。"

210.《释衣服》："韍，韠也。韠，蔽膝也，所以蔽膝前也。"苏舆曰："《礼·玉藻》郑注：'韠之言蔽也，凡韠以韦为之。'又云：'韍之言亦蔽也。'是'韍'

'韠'同有'蔽'义。'韨'又与'绋'通。《白虎通》:'绋者,蔽也,行以蔽前者尔,有事因以别尊卑彰有德也。'‘韨’‘韠’‘蔽’从叠韵为训。《御览·章服八》引《五经异义》云:'韨者,大带之饰。'非'韠'也,与此异。"

211.《释衣服》:"韨……妇人蔽膝亦如之。苏舆曰:"《汉书·东方朔传》:'馆陶公主迎武帝,蔽膝登阶。'又《王莽传》:'母病,公卿列侯遣夫人问疾,莽妻迎之,衣不曳地,布蔽膝,见之者以为僮,使问,知为夫人,皆惊。'即此。"齐人谓之巨巾,田家妇女出,至田野,以覆其头,故因以为名也。又曰跪襜,跪时襜襜然张也。"

212.《释衣服》:"襡,苏舆曰:"《广雅·释器》:'襡,长襦也。'王氏念孙疏证云:'或作襥。'"案:"《御览·章服八》引亦作'襥',《晋书·夏统传》:'服袿襡',《音义》引《字林》云:'襡,连要衣也。'"属也,衣裳上下相联属也。"

213.《释衣服》:"要襦,苏舆曰:"要襦即腰襦。《御览·章服十二》引《晋令》云:'旄头羽林著韦腰襦。'又《旧唐书·倭国传》:'妇人衣纯色裙,长腰襦。'白居易诗:'妾有绣腰襦,葳蕤自生光。'即此'要'正字。"形如襦,其要上翘,下齐要也。"

214.《释衣服》:"半袖,其袂半襦,而施袖也。"苏舆曰:"《晋书·五行志》:'魏武帝著绣帽、披缥纨、半袖,常以见。直臣杨阜谏曰:此礼何法服也?'《唐书·车服志》:'半袖裙襦者,东宫女史当供奉之服也。'即此。又《酉阳杂俎》载:'楚国寺内有楚哀王等身金铜像,哀王绣襖半袖犹在。'则半袖其来已久。"

215.《释衣服》:"履,礼也,饰足所以为礼也。亦曰屦。屦,拘也,所以拘足也。複其下曰舄。舄,腊也,行礼久立,地或泥湿,苏舆曰:"二句《御览·服章十四》引作'久立地湿'。"故複其下,使干腊也。"

216.《释衣服》:"帛屐,以帛作之,如屩也。不曰帛屩者,屩不可践泥也,屐可以践泥也,此亦可以步泥而浣之,故谓之屐也。"苏舆曰:"《御览·服章十二》引云:'帛屐,以帛作屐,如屩者也,不曰帛屩而曰帛屐者,屩不可以践泥,屐可以践泥也,故谓之屐。'"

217.《释宫室》:"狱,确也,言实确,人情伪也。又谓之牢,言所在坚牢也。又谓之圜土,言筑土表墙,其形圜也。又谓之囹圄。囹,领也;圄,御也。领录囚徒,禁御之也。"苏舆曰:"《月令》正义引蔡邕云:'囹,牢也；圄，止也，所以止出入，皆罪人所舍也。'又引崇精问曰：'狱，周曰圜土，殷曰羑里，夏曰均台，囹圄何代之狱？'焦氏答曰：'《月令》秦书，则秦狱名也，汉曰若庐，魏曰司空，是也。'"案："蔡邕《独断》及《广雅》并云：'周曰图圄。'据成国以'圜土''图圄'并释，是'图圄'即'圜土'别称，一以形言，一以义言，周狱有二名也，焦说非。"

218.《释宫室》："传，传也，苏舆曰："'传，传也'，当作'传，转也'。'传''转'形近而乱。下'转转'即释'转'字之义。本书《释书契》篇：'传，转也，转移所在，执以为信也。'正与此同。"人所止息而去，后人复来，转转相传，无常主也。"

219.《释宫室》："梠，旅也，连旅旅也。苏舆曰："《御览·居处十六》引作'连旅之'。"或谓之樀。樀，绵也，绵连椽头，使齐平也。上入曰爵头，形似爵头也。"

220.《释宫室》："楣，眉也，近前各两，若面之有眉也。"苏舆曰："本书《释水》：'湄，眉也，临水如眉临目也。''湄''楣'并依声取义。《说文》：'梠，楣也。'《广雅·释宫》：'楣，梠也。'《士丧礼》郑注：'宇，梠也。'室曰楣宇，人曰眉宇，并取双列下垂之义，故得互称矣。"

221.《释宫室》："屋脊曰甍。甍，蒙也，在上覆蒙屋也。"苏舆曰："程氏易畴《通艺录》云：'甍者，蒙也，凡屋通以瓦蒙之曰甍，故其字从瓦。'与此训合，但此专主屋脊言耳。"

222.《释宫室》："壁，辟也，所以辟御风寒也。"苏舆曰："《御览·居处十五》引'御'作'断'。"

223.《释宫室》："垣，援也，人所依阻，以为援卫也。"苏舆曰："《御览·居处十五》引无'依'字。"

224.《释宫室》："篱，离也，以柴竹作之，疏离离然也。青徐曰椐。椐，居也，居于中也。"苏舆曰："'椐'与'櫨'同。《广雅·释宫》：'櫨，杝也。''杝'即今'篱'字，櫨《玉篇》音渠。"

225.《释宫室》："屏，自障屏也。"苏舆曰："《御览·居处十三》引《风俗通》云：'屏，卿大夫以帷，士以帘，稍有第，以自障蔽也。示臣临见，自整屏气处也。'"

226.《释宫室》："序，次序也。"苏舆曰："《御览·居处十三》引《尔雅》犍为舍人注云：'殿东西堂，序尊卑处。'与此'次序'义合。郭注云：'所以序别内外也。'别一谊。"

227.《释宫室》："罘罳，在门外。罘，复也；罳，思也。苏舆曰："《广雅·释宫》：'罦罳谓之屏。'《水经·穀水》注及《御览》引并作'复思'，则'罘罳'有直作'复思'者，或作'桴思'，见《明堂位》疏；或作'浮思'，见《考工记·匠人》注；或作'覆思'，见宋玉《大言赋》；或作'罘思'，见《汉书·文帝纪》颜注：其实一也。《古今注》云：'罘罳，屏之遗象，汉西京罘罳合版为之，亦筑土为之，每门殿舍前皆有焉，于今郡国厅前树之。'"臣将入请事，于此复重思之也。"

228.《释宫室》："寄止曰庐。庐，虑也，取自覆虑也。"苏舆曰："《晋语》：'先生覆露子。'此'覆虑'犹云'覆露'，'虑''露'古同声。本书《释天》：'露，虑也，覆虑物也。'"

229.《释宫室》："草圆屋曰蒲。蒲，敷也，总其上而敷下也。又谓之庵。庵，奄也，所以自覆奄也。"苏舆曰："《御览·居处九》引云：'圜屋曰庵。庵，掩也，自覆掩也。'"

230.《释宫室》："大屋曰庑。庑，幠也；幠，覆也。并、冀人谓之庌。庌，正也，屋之正大者也。"苏舆曰："《御览·居处九》引《风俗通》云：'客堂曰庌。'"

231.《释宫室》："井，清也，泉之清洁者也。井一有水一无水曰瀱汋。瀱，竭也；苏舆曰："《尔雅》郭注以为《山海经》'天井'之类，《中山经》云：'视山，其上多韭，有井焉，名曰天井。夏有水，冬竭。'此训'瀱'为'竭'，是其义也。"汋，有水声汋汋也。"

232.《释宫室》："厕，杂也，言人杂厕在上，非一也。或曰溷，言溷浊也。或曰圊，苏舆曰："《急就章》云：'屏厕清溷粪土壤。'字亦作'清'。注云：'厕之言侧也，亦谓僻侧也。'别一义。"言至秽之处，宜常修治，使洁清也。或曰轩，前有伏，似殿轩也。"

233.《释宫室》："塗，杜也，杜塞孔穴也。"苏舆曰："'塗'在《说文》新附字中当作'涂'，'塗''杜'双声，《小尔雅·广诂》：'杜，塞也。'"

234.《释床帐》："荐，所以自荐藉也。"苏舆曰："荐，盖草席之名，即《释器》所云：'蓐谓之兹也。'《一切经音义》引《三苍》及《华严经音义》引《声类》并云：'蓐，荐也。'《史记·周本纪》集解引徐广云：'兹者，藉席之名。'此以'荐'为'荐藉'，即所云藉席也。《说文》：'荐，兽之所食艸，从廌从艸。''荐'以草为之，故取名焉。其有著者，则为之茵。《少仪》郑注所云'茵著席'，是也。"

235.《释床帐》："裘渡，犹娄数，毛相离之言也。"毕沅曰："《一切经音义》'裘渡'作'氍毹'，乃《说文新附》字。"成蓉镜曰："即氍毹之声转。"苏舆曰："成说是。《御览·七百八》引《通俗文》云：'织毛褥谓之氍毹。'《声类》：'氍毹，毛席也。'"

236.《释床帐》："枕，检也，所以检项也。"苏舆曰："《说文》：'枕，卧所荐者也。'《易·坎》：'六三，险且枕。'《释文》云：'古文及郑、向本，险作检。'虞翻云：'检，止也，项承于枕，止其所而不迁。'故云'所以检项'。"

237.《释床帐》："承尘，施于上以承尘土也。"苏舆曰："承尘，亦有单言尘者，《楚辞·招魂》：'经堂入奥，朱尘筵些。'王逸注：'尘，承尘也。'"

238.《释床帐》："屏风，言可以屏障风也。"苏舆曰："《御览·服用三》引云：'屏风，以屏障风也。''扆在后，所依倚也。'据此，则宋人所见本屏风在扆前。"

239.《释书契》："笔，述也，述事而书之也。"苏舆曰："《御览·文部二十一》引崔豹《古今注》云：'牛亨问曰：古有书契已来，便应有笔也。世称蒙恬造笔，何也？答曰：自蒙恬始作秦笔耳，以柘木为管，以鹿毛为柱，羊毛为被，所谓鹿毫，非兔豪竹管也，非谓古笔也。'"

240.《释书契》："板，贩也，贩贩平广也。"苏舆曰："《御览·文部二十二》引下句作'上平广也'。《春秋演孔图》：'孔子曰：某作春秋，天授演孔图，中有大玉刻一板，曰璇玑，一低一昂。'又《蜀志》载：'谯周《板示文立》曰：典午忽兮，月酉没兮。'即此是已。其上平广，故可书字。后世简召官员亦用板，其体制无定。《御览》载有《相板经》是也。又臣下笏簿，亦称'手板'。"

241.《释书契》："简，间也，编之篇篇有间也。"苏舆曰："《御览·文部三》引作'简，书编也，为言间也'。"

242.《释书契》："籍，籍也，所以籍疏人名户口也。"毕沅曰："'人名'疑误，当作'人民'。《周礼·均人》云：'均人民牛马车辇之力政。'又《司民》云：'掌登万民之数，自生齿以上，皆书于版，异其男女，岁登下其死生。'郑注：'版，今户籍也。'是籍所以籍疏人民户口也。"叶德炯曰："'人名'字不误。《史记·货殖传》：'程郑、卓氏、曹邴氏、刁间、桥姚、田啬、田兰、雍乐成。'《游侠传》'鲁朱家、楚田仲、济南瞷氏、雒阳剧孟、符离王孟、长安樊仲子、西河郭公仲、太原卤公孺、临淮儿长卿'，皆乡里细民，其名字箸于版籍，故史公得知其详，后世考试之册亦然。如宋《绍兴题名录》《宝祐登科记》诸书，尚可得其梗概也。"苏舆曰："《古今注》：'牛亨问：籍者何云？答曰：籍者一尺二寸竹牒，记人之年、名字、物色，悬之官门，案省相应，乃得人也。'又《御览·六百六》引《晋令》云：'郡国诸户口黄籍，籍皆用一尺二寸札，已在官役者载名。'此亦籍书人名之证。毕说非。"

243.《释书契》："符，付也，书所敕命于上，付使传行之也。"苏舆曰："《文心雕龙》：'符者，孚也。征召防伪，事资中孚，三代玉瑞，汉世金竹，末代从省，代以书翰矣。'此云'书所敕命于上'，亦谓用书翰者也。"

244.《释书契》："传，转也，转移所在，执以为信也。亦曰过所，过所至关津以示之名也。"苏舆曰："《中华古今注》：程雅问：传者何云？答曰：传者，以木为之，长一尺五寸，书符信于其上；又一板封以御史印章，所以为期信，即如今之过所也，言经过所在为证也。"

245.《释书契》："券，绻也，相约束缱绻以为限也。"苏舆曰："《文心雕龙》：'券者，束也，明白约束，以备情伪，字形半分，故周称判书。古有铁券，以坚信誓，王褒书奴，则券之楷也。'其义本此。"

246.《释书契》："书称刺书，以笔刺纸简之上也。苏舆曰："《文心雕龙》：刺者，达也，诗人讽刺，《周礼》三刺，事叙相达，若针之通结矣。即此刺字之义。"又曰到写，写此文也。画姓名于奏上曰画刺，作再拜起居，字皆达其体，使书尽边，徐引笔书之如画者也。下官刺曰长刺，长书中央一行而下也。又曰爵里刺，书其官爵及郡县乡里也。"

247.《释书契》："上敕下曰告。告，觉也，使觉悟知己意也。"苏舆曰："'告''觉'叠韵字，本书《释姿容》：'觉，告也。'互相释。"

248.《释典艺》："五典。典，镇也，制教法所以镇定上下，差等有五也。"苏舆曰："《御览·学部二》引'制'下有'作'字，'差等'作'其等'。《说文》镇从真声。《诗·维清》'以典均裡'，知'典''镇'古音本近，汉时犹然，故成国依声释之。段氏《音均表》'镇'在十二部，'典'在十三部。"

249.《释典艺》："八索。索，素也，著素王之法，若孔子者，圣而不王，制此法者有八也。"苏舆曰："《书》伪孔序'八索'，《左·昭十二年传》'八索'，《释文》：'索本作素。'是索、素字同。贾逵《左传注》：'八索，素王之法（据《文选·闲居赋》引）。'与此义同。又贾氏《春秋序》云：'孔子览史记，就是非之说，立素王之法。'《汉书·董仲舒传》：'孔子作《春秋》，先正王而系万事，见素王之文焉。'并成国所本。"

250.《释典艺》："九丘。丘，区也，区别九州之土气，教化所宜施者也。此皆三王以前、上古羲皇时书也。"苏舆曰："《艺文类聚》《御览》'上古'作'上至'。"

251.《释典艺》："九丘……今皆亡，惟《尧典》存也。"苏舆曰："《御览》'亡'下有'失'字。"

252.《释典艺》："纬，围也，反覆围绕以成经也。"苏舆曰："纬之为书，比传于经，辗转牵合，以成其谊。今所传《易纬》《诗纬》诸书，可得其大概。故云'反覆围绕以成经'。"

253.《释典艺》："图，度也，画其品度也。"毕沅曰："画，今本作'尽'，讹。《释言》：'猷，图也。'郭注《周官》：'以猷鬼神祇谓图画。'"苏舆曰："此'图'谓'图谶'之'图'，故与纬谶连文，《河图挺佐辅》：黄帝至于翠妫之川，鲈鱼折溜而至，兰叶朱文以授黄帝，名曰'绿图'。则图本谶之属。《书·顾命》伪孔传：河图八卦，伏羲王天下，龙马出河遂。则其文以画八卦，谓之河图，正图为画其品度之旨。《隋书·经籍志》载：汉末郎中郗萌，集图纬谶杂占为五十卷，即此类也。毕但以图画为证，非是。'图''度'声近义同。"

254.《释典艺》："《礼》，体也，得其事体也。"毕沅曰："已见《释言语》篇。"叶德炯曰："此《礼经》之礼，与前《言语篇》同训异实。《汉书·艺文志》：'《礼古经》五十六卷、《经》七十篇。'即此。《礼记》疏引郑玄《礼序》云：'礼者，体也。'与此义合。明此是释《六经》之体。"苏舆曰："《御览·学部四》引作'言得事之体也'。《初学记》引同《御览》。又引《春秋说题辞》云：'礼者，体也。人情有哀乐，五行有兴灭，故立向饮之礼，始终之哀，婚姻之宜，朝聘之表，尊卑有序，上下有体。'是以礼经之礼为体，其说已旧。"

255.《释典艺》："《尚书》，尚，上也，以尧为上，始而书其时事也。"苏舆曰："《春秋说题辞》亦云：'尚者，上也，上世帝王之书也。'又《论衡·须颂篇》：'或说《尚书》曰：尚者，上也，上所为下所书也，下者谁也？曰：臣子也。'谊微别。"

256.《释典艺》："《国语》，记诸国君臣相与言语、谋议之得失也。又曰《外传》。"苏舆曰："《汉书·律历志》引《国语》'少昊之衰，九黎乱德'等语，称《春秋外传》，此旧以《国语》为外传之证。又《论衡》云：'《国语》，《左氏》之外传也。'内传词语有详亦有略，故复选录《国语》之辞以补之'。"

257.《释典艺》："诏书。诏，照也。"苏舆曰："《御览·文部九》引无'诏书'二字"。

258.《释典艺》："铭，名也，述其功美，使可称名也。"苏舆曰："《御览·文部六》引无'使'字。"

259.《释典艺》："诔，累也，累列其事而称之也。"苏舆曰："《文心雕龙》亦云：'诔者，累也，累其功德，旌之不朽也。'其义本此。"

260.《释典艺》："碑，被也，此本葬时所设也。于鹿庐，以绳被其上，引以下棺也。臣子追述君父之功美，以书其上。后人因焉，无故建于道陌之头。"苏舆曰："'后人因焉'《御览·文部九》作'后人因为焉'，无'无'字。"

261.《释典艺》："碑……显见之处，名其文就，谓之碑也。"苏舆曰："《御览》无'显见之处'四字，'文'下无'就'字。"

262.《释典艺》："词，嗣也，令撰善言相续嗣也。"苏舆曰："汉世赋铭之类，叙终辄缀以词，如班孟坚《封燕然山铭》及《两都赋·叙》末，并称'其词曰'，是其例也。盖本义在前，复演其词，以嗣前旨，正此云'撰善言相续嗣'之谊。碑、志、铭、辞、纪、传、论、赞，亦词之支流矣。"

263.《释用器》："斧，甫也；甫，始也。凡将制器，始用斧伐木，已乃制之也。"苏舆曰："《御览·器物八》引'始用'作'始以'。《士冠》《礼记》郑注：'甫，今文作斧。''斧''甫'字通。"

264.《释用器》："锄，助也，去秽助苗长也。齐人谓其柄曰櫃，櫃然正直也。"苏舆曰："本书《释姿容》：'僵，正直置然也。'字正作'置'。《管子·轻重己篇》：'鉊鈶乂櫃。'《盐铁论·论勇篇》：'鉏耰棘櫃。'并谓此也。《御览》引《通俗文》：'凿柄曰櫈。''櫈''櫃'同物。《广雅·释器》：'櫃，柄也。'"头曰鹤，似鹤头也。"

265.《释用器》："枷，加也，加杖于柄头以挝穗，而出其谷也。或曰罗枷，三杖而用之也。"苏舆曰："《汉书·王莽传》颜注：'柫，所以击治禾者也，今谓之连枷。''连''罗'一声之转。"

266.《释用器》："锸，插也，插地起土也。或曰销。销，削也，能有所穿削也。或曰铧。铧，剀也，剀地为坎也。"苏舆曰："《曲礼》：'为国君削瓜者，华之。'郑注：'华，中裂之也。''华''铧'同声字，其义相通。《淮南·精神训》高注：'臿，铧也。'《齐俗训》云：'故伊尹之兴土功也，修脚者使之蹠钁，强脊者使之负土。'高注：'长脚者以蹠插使入深也。'《御览·器物九》引'钁'作'铧'。蹠插入深，亦'剀地为坎'之事。"其板曰叶，象木叶也。"

267.《释用器》："枡，拨也，拨使聚也。"毕沅曰："'枡'即'杷'也。各本亦误从手，今据《说文》《方言》《广雅》改从木。盖击禾而出其谷，使可收聚，自当与农器为类，不徒释拂之名谊而已。"苏舆曰："上已释杷，不应别出枡，此当属'杷'为义，文有脱误。吴本无'枡'字，作'亦言拨也'，连上为一条，似是。《急就篇》：'捆薲秉把插捌杷。'颜注：'捌把，皆所以推别聚禾谷也。''把''杷'同义。又《汉书·贡禹传》：'捽中杷土。'颜注：'杷，手捣之也。'音蒲巴反，捣亦聚也。是'杷'有'拨聚'之义明矣，'杷''拨'双声。"

268.《释用器》："耨，似锄妪薅禾也。"苏舆曰："《通鉴·外纪》《御览·七十八》《艺文类聚·十一》并引《周书》云：'神农之时，天雨粟，神农耕而种之，作陶冶斤斧，破木为耜耰耨，以垦草莽。'则耜耨之属，盖始于神农时矣。《世本》又云：'垂'作'耨'。"

269.《释用器》："铚，获禾铁也。铚铚，断禾穗声也。"苏舆曰："《管子·轻重乙篇》：'一农之事，必有一耜、一铫、一镰、一鎒、一椎、一铚，然后成为农。'《广雅·释器》：'铚谓之刏。''刏'亦'割断'之名。"

270.《释用器》："斤，毕沅曰："今本'斤'从金旁，作'釿'，别也。《一切经音义》引作'斤'，据改，下并同。"苏舆曰："此当作'斤'，毕改是。但以'釿'为别字，而并改下文，则非。《说文》：'斤，斫木斧也。''釿，剂断也。'其谊本别，下'用此釿之'及'釿有高下之迹'，并是'剂断'之义。作'斤'则不可通。今本此'斤'字作'釿'，乃缘下'釿'字而误。《御览·器物九》引此'斤'字作'斤'，下二斤字并作'釿'，不误。"谨也，板广不得削，又有节，则用此斤之，所以详谨，令平灭斧迹也。"

271.《释用器》："鉏，鉏弥也，斤有高下之迹，苏舆曰："《御览·器物九》引作'釿有高下迹'。"以此鉏弥其上而平之也。"

272.《释用器》："锯，倨也，其体直，所截应倨句之平也。"苏舆曰："'锯''倨'并从居声，《考工记·冶氏》：'已倨则不入，已句则不决。'郑注：'已倨，谓胡微直而邪多也。已句，谓胡曲多也。''应倨句之平'，犹言'应曲直之平'。"

273.《释乐器》："磬，罄也，其声罄罄然坚缴也。"毕沅曰："《礼记·乐记》曰：'石声磬。'《论语·宪问篇》：'子击磬于卫，荷蒉曰：鄙哉，硁硁乎！''硁'古文'磬'字。"苏舆曰："《白虎通》：'磬者，夷则之气也，象万物之成也，其声磬。'《乐记》注：'磬，当为罄。'《史记·乐书》引《乐记》'磬'作'硁'，是'磬''罄''硁'三字并同。

《论语·子路》《宪问》两言'硁硁',并用为'坚确'之义,与此云'坚礉'合。《说文》:'磬,器中空也。'又一义。"

274.《释乐器》:"箜篌,师延所作靡靡之乐也。苏舆曰:"杜氏《通典》云:'箜篌,古施郊庙雅乐,近代专用于楚声,或谓师延靡靡乐,非也。'说与此异。"后出于桑间濮上之地,盖空国之侯所存也。师涓为晋平公鼓焉,郑卫分其地而有之,遂号、郑卫之音,谓之淫乐也。"

275.《释乐器》:"枇杷,本出于胡中,马上所鼓也。"苏舆曰:"《御览·乐部二十一》引傅玄《琵琶赋·序》云:'闻之故老云:汉遣乌孙公主,念其行道思慕,使工知音者,载琴筝筑箜篌之属,作马上之乐,观其器盘圆柄,直阴阳叙也。四弦,法四时也,以方语目之,故曰琵琶,取易传于外国也。'杜挚以为嬴秦之末,盖苦长城之役,百姓弦鼗而鼓之。二者各有所据,以意断之,乌孙近焉。又引《乐府杂录》云:'琵琶始自乌孙公主造,马上弹之。'据此云'本出于胡中,马上所鼓',则亦与乌孙说合。蔡琰《十八拍》:'琵琶本自出胡中,缘琴翻出音律同。'"

276.《释乐器》:"推手前曰枇,引手却曰杷,苏舆曰:"欧阳修《明妃曲》:'推手为琵却手琶。'语本此。"象其鼓时,因以为名也。"

277.《释乐器》:"埙,喧也,声浊喧喧然也。"苏舆曰:"《御览·乐部十九》引《乐书》亦云:'壎者,喧也。'《尔雅》:'大埙谓之嘂','嘂''喧'同义。《白虎通》:'壎之为言熏也,阳气于黄泉之下熏蒸而萌。'义稍别。'壎''喧'取双声。'壎''熏'取叠韵。小师注:'壎,烧土为之,大如雁卵。'"

278.《释乐器》:"箫,肃也,其声肃肃然清也。"苏舆曰:"《白虎通》:'箫者,中吕之气也。万物生于无声,见于无形,戮也,肃也。'又《公羊疏》传引宋均云:'箫之言肃。'"

279.《释乐器》:"笙,生也。"苏舆曰:"《白虎通》:'笙者,大簇之气,象万物之生。'《风俗通·声音》亦云:'《世本》:随作笙,长四寸,十三簧,象凤之声,正月之音也。物生故谓之笙。'"

280.《释乐器》:"笙……竹之贯匏,象物贯地而生也。苏舆曰:"《白虎通》:'匏之为言施也,牙也,在十二月,万物始施而牙。'"以匏为之,故曰匏也。竽亦是也,其中汙空以受簧也。簧,横也,于管头横施于中也。以竹铁作,于口横鼓之亦是也。"

281.《释乐器》："竹曰吹。毕沅曰：本作篪，今省作吹。苏舆曰："《文选》邱希范《侍宴乐游苑诗》注引《月令章句》云：'吹者，所以通气也。管箫竽笙埙籁皆以吹鸣者也。'" 吹，推也。以气推发其声也。"

282.《释兵》："弩，怒也，有执怒也。其柄曰臂，似人臂也。钩弦者曰牙，似齿牙也。牙外曰郭，为牙之规郭也。下曰县刀，其形然也。含括之口曰机，毕沅曰："今本作'合名之曰机'，据《艺文类聚》引改。"苏舆曰："《御览·兵部七十九》引亦作'合名之曰机'。" 言如机之巧也。亦言如门户之枢机，开阖有节也。"

283.《释兵》："其受矢之器，以皮曰服，柔服之义也。织竹曰笮，相迫笮之名也。步叉，苏舆曰："步叉即鞴靫。《广雅·释器》：'鞴靫，矢藏也。'《集韵》引《埤苍》：'鞴靫，箭室也。''步''鞴'一声之转，'靫'即'叉'之俗体。"人所带，以箭叉于其中也。"

284.《释兵》："刀，到也，以斩伐到其所，乃击之也。其末曰锋，言若蜂刺之毒利也。"苏舆曰："《荀子·议兵篇》：'宛钜铁釶，惨如蜂虿。'即此义。"

285.《释兵》："刀……短刀曰拍髀，带时拍髀旁也。又曰露拍，言露见也。"苏舆曰："《御览·三百四十六》载：'张协《露陌刀铭》曰：露陌在服，威灵远振，遵养时晦，曜德崇信。'又魏文帝《露陌刀铭》曰：'于铄良刀，胡练亶时，譬诸鳞角，麋所任兹，不逢不若，永世宝持。'即此物也。'陌''拍'同。"

286.《释兵》：佩刀，在佩旁之刀也。或曰容刀，有刀形而无刃，苏舆曰："《御览·兵部七十六》'有刀形'作'为刀形'。" 备仪容而已。

287.《释兵》："封刀、铰刀、削刀，毕沅曰："施本脱'削刀'二字，各家本皆有，然削刀即书刀，已见上，此似复出。"苏舆曰："《御览·兵部七十六》引无'削刀'二字。" 皆随时用作名也。"

288.《释兵》："戈，句孑戟也。戈，过也，所刺捣则决过，所钩引则制之，弗得过也。"苏舆曰："《御览·兵部八十三》'捣则'作'则捣'，'钩'作'句'，'引'下无'则'字。王氏念孙《广雅疏证》云：'谓所刺捣、所钩引，皆决过也。'《考工记》注以戈为句兵，'句''戈'一声之转，犹'镰'谓之'刉'，亦谓之'划'也。"

289.《释兵》："矛，冒也，刃下冒矜也。下头曰鐏，鐏入地也。松楼长三尺，其矜宜轻，以松作之也。楼，速楼也，前刺之言也。矛长丈八尺曰矟，马上所持，言其稍稍便杀也。又曰激矛。激，截也，可以激截敌陈之矛也。"苏舆曰："王氏念孙《广雅疏证》云：'稍、激，皆长貌也。'《尔雅·释木》：'梢，梢擢。'郭注：'谓木无枝柯梢擢长而杀者。'又'无枝为橬'注云：'橬擢直上。'《广雅释诂》二云：'橬，长也。''橬'与'激'，'梢'与'稍'，义并相近。"

290.《释兵》："稷矛，长九尺者也。稷，霍也，所中霍然即破裂也。"苏舆曰："《庄子·养生主》：'砉然响然，奏刀騞然。'《释文》引司马云：'砉，皮骨相离声。'崔云：'騞声近获，大于砉也。''砉''騞''霍'一声之转，并以其声言之（下'戉'下云'豁然破散'，亦即霍然破裂之谊）。司马相如《大人赋》'霍然云消'，亦取'破裂'为义。"

291.《释兵》："盾，遁也，跪其后，避刃以隐遁也。大而平者曰吴魁，本出于吴，为魁帅者所持也。苏舆曰："《广雅》：'吴魁，盾也。'《御览》引'吴魁'作'吴科'。王氏念孙《疏证》云：'《楚辞·九歌》：操吴戈兮被犀甲。'王逸注：'或曰操吾科，吾科，盾之名也。''吾科'与'吴魁'同。'科''魁'声相近。故《后汉书》谓'科头'为'魁头'。又云：吴者，大也。魁亦盾名也。吴魁犹言大盾，不必出于吴，亦不必为魁帅所持也。《方言》：'吴，大也。'《吴语》：'奉文犀之渠。'韦注：'渠，楯也。''渠'与'魁'一声之转。故'盾'谓之'渠'，亦谓之'魁'，帅谓之'渠'，亦谓之'魁'，'芋根'谓之'芋渠'，亦谓之'芋魁'也。"隆者曰滇盾，本出于蜀，蜀滇所持也。或曰羌盾，言出于羌也。约胁而邹者曰陷虏，言可以陷破虏敌也，今为之曰露见是也。狭而长者曰步盾，步兵所持，与刀相配者也。"

292.《释兵》："盾……狭而短者曰子盾，车上所持者也。"苏舆曰："《御览》'子盾'上有'夹'字。"

293.《释兵》："盾……子，小称也，以缝编版谓之木络，苏舆曰："《御览》引'缝'作'韃'云'音逢'。'编版'下有'者'字，'木络'下有'盾'字。"以犀皮作之曰犀盾，以木作之曰木盾，皆因所用为名也。"

294.《释兵》："甲，似物有孚甲，以自御也；亦曰介；亦曰函；亦曰铠。苏舆曰："《夏官·序官·司甲》贾疏云：'古用皮谓之甲，今用金谓之铠，从金为字也'。"皆坚重之名也。"

295.《释兵》："剑，检也，所以防检非常也。又敛也，以其在身拱时敛在臂内也。其旁鼻曰镡。镡，寻也，带所贯寻也。"苏舆曰："《庄子·说剑篇》：'以周宋为镡。'《释文》：'镡，《三仓》云：剑口也。徐云：剑环也。司马云：剑珥也。'程氏易畴《通艺录》云：'剑首者何？戴于茎者也。首也者，剑鼻也。剑鼻谓之镡，镡谓之珥，或谓之环，或谓之剑口，有孔曰口，视其旁如耳然曰珥，面之曰鼻，对末之曰首。'然则'剑珥''剑环''剑首''剑末''剑鼻'实一义也。"其末曰锋，锋末之言也。

296.《释兵》："金鼓。金，禁也，为进退之禁也。"苏舆曰："本书《释天》：'金，禁也，其气刚严，能禁制也。'"

297.《释兵》："戚，感也，苏舆曰："'戚''感'字同，《诗·公刘》毛传：'戚，斧也。'《论语·述而》'小人长戚戚'，《集解》引郑注：'长戚戚，多忧惧貌也。'"斧以斩断，见者皆感惧也。"

298.《释车》："天子所乘曰路，路亦车也，谓之路者，言行于道路也。苏舆曰："《白虎通·车旗篇》：'路者何谓也？路，大也，道也，正也。君至尊，制度大，所以行道德之正也。路者，君车也。'《文选·东京赋》'龙路充庭'，薛注：'路，天子之车也。'"金路、玉路，以金玉饰车也。象路、革路、木路，各随所以为饰名之也。"

299.《释车》："墨车，漆之正黑，无文饰，大夫所乘也。"苏舆曰："《仪礼·觐礼》：'侯氏乘墨车。'郑注：'墨车，大夫制也。'又《士昏礼》：'主人爵弁纁裳缁袘，从者毕玄端，乘墨车。'注：'墨车，漆车，士而乘墨车摄盛也。'"

300.《释车》："轈车，戎者所乘也。"毕沅曰："《说文》：'轈，兵车也。从车屯声'，杜注《左传》亦云：'兵车名'。"苏舆曰："轈车，见《左·宣十二年传》疏引服虔云：'轈车，屯守之车。'"案："服以字从屯取义，其为戎者所乘则一也。"

301.《释车》："衣车，前户，所以载衣服之车也。"苏舆曰："《定·九年传》：'载葱灵，寝于其中而逃。'孔疏引贾逵云：'葱灵，衣车也。'有葱有灵，是衣车即'葱灵'之本称。《汉书·霍光传》：'昌邑王略女子，载之衣车。'则衣车亦妇人所乘，故有葱与灵（葱与窗同，灵与櫺同），亦为隐蔽形容之用，又兼载衣服，可卧息也，故成国次于'容车'之后。"

302.《释车》："猎车，所乘以畋猎也。"苏舆曰："《晋书·舆服志》：'猎车，驾四车，天子校猎所乘。'即此。"

303.《释车》："高车，其盖高，立乘载之车也。"苏舆曰："《晋志》：'车坐乘者谓之安车，倚乘者谓之立车，亦谓之高车。'"

304.《释车》："轺车。轺，遥也。遥，远也，四向远望之车也。"苏舆曰："《说文》：'轺，小车也。《汉书·平帝纪》：'元始三年，立轺并马。'颜注引服虔云：'轺音谣，立乘小车也。'《御览·车部四》引谢承《后汉书》：'许庆家贫，为督邮，乘牛车，乡里号曰轺车督邮。'又引《傅子》：'汉世乘轺，则贵人也。'李尤《轺车铭》曰：'轮以代步，屏以蔽容。'并此矣。"

305.《释车》："軿车。軿，屏也，四面屏蔽，妇人所乘牛车也。辎軿之形同，有邸曰辎，无邸曰軿。"苏舆曰："《说文》'辎'下云：'辎、軿，衣车也。''軿'下云：'车前衣也，车后为辎。'是'辎''軿'浑言则同，析言则别。《列女传·齐孟姬》云：'立车无軿，非敢受命。'可见'軿'为屏障之用。"

306.《释车》："軾，伏也，在前，人所伏也。"苏舆曰："'軾'字亦作'伏'，《史记·酷吏传》：'同车，未尝敢均茵伏。'徐广《音义》：'伏，《汉书》作冯，伏者軾。'"

307.《释车》："鞓鞲，车中重荐也。"苏舆曰："王氏念孙《广雅疏证》云：'鞓鞲叠韵字。'《广韵》：'鞣，他胡切。鞲鞣，屦也。屦，履中荐也。''鞲''鞣'亦叠均字。'履中荐'谓之'鞲鞣'，犹'车中荐'谓之'鞓鞲'矣。"轻鞓鞲，小矮者也。"

308.《释车》："枕，横也，横在前，如卧床之有枕也。"苏舆曰："枕当作桄，王氏念孙《广雅》'舳谓之桄'疏云：'此谓船前横木也，桄之言横也。'《集均》：'桄，舟前木也。'凡舟车前之横木皆曰桄。《众经音义·卷十四》云：'桄，《声类》作'軦，车下横木也'，今车床及梯凳下横木皆曰桄。《释名·释车》云：桄，横在前，如卧床之有桄也。桄，横也。横在下也。义与《声类》同。今本《释名》'桄'字讹作'枕'，而校书者辄证以《方言》'轸谓之枕'，且删去'横在下也'四字，弗思甚矣。"舆案：桄、横古音同声，光与尤旁又易乱，卧床之有桄，亦谓之床下横木，此例正合王说，殆得之。

309.《释车》："楅，扼也，所以扼牛颈也。马曰乌啄。"苏舆曰："乌啄亦谓之乌喝，古啄、喝通用。《诗·韩奕》"金厄"，《毛传》：'金厄，乌喝也。'即此（今本喝作蠋，疏又引《尔雅》'蚅，乌蠋'以证之。阮氏元《校勘记》曾驳其非，兹从据《释文》本）。'厄''扼''轭'并同。《士丧礼》郑注'今文轭为厄'，是也。《小尔雅·广器》：'衡，扼也，扼上者谓之乌啄。'"下向，又马颈，似鸟开口向下啄物时也。

310.《释车》："隆强，言体隆而强也。或曰车弓，似弓曲也。苏舆曰："《广雅·释器》：'隆屈，辇也。''隆强'即'隆屈'，'屈''强'见《汉书》，'屈'亦'强'也。"其上竹曰郎疏，相远，晶晶然也。"

311.《释车》："軨，冈也，冈罗周轮之外也。苏舆曰："冈罗周轮之外也，《御览·车部五》引作'周轮其外'。"关西曰輮，言曲輮也。或曰軨。軨，绵也，绵连其外也。"

312.《释车》："舆，举也。"苏舆曰："《广雅·释诂》：'舆，举也。'本此。《曲礼正义》：'舆，车床也。'车床以举众物，《众经音义》引《苍颉篇》：'轝，举也。''舆''轝'同。"

313.《释车》："釭，空也，其中空也。"苏舆曰："王氏念孙《广雅疏证》云：'凡铁之中空而受柄者谓之釭。'《新序·杂事篇》：'淳于髡谓邹忌曰：方内而员，釭是也。''内'与'枘'同。车釭空中，故又谓之穿，在内为大穿，在外为小穿。《考工记·轮人》五：'分其毂之长去一以为贤，去三以为轵。'郑众注：'贤，大穿；轵，小穿。'是也。《说文》：'銎，斤斧穿也。''斤斧穿'谓之'銎'，犹'车穿'谓之'釭'，釭銎之为言皆空也。"

314.《释车》："辖，害也，车之禁害也。"苏舆曰："《御览·车部五》引'禁'作'急'。"

315.《释车》："屐，似人屐也。苏舆曰："《御览·车部五》引作'辗，似人履。'注云：'辗音剧。'"又曰伏兔，在轴上似之也。

316.《释车》："钩心，从舆心下钩轴也。"苏舆曰："阮氏元《考工记车制图解》云：'轵在舆底而衔于轴上，其两旁作半规形，与轴相合，而更有二长足，少锲其轴而夹钩之，所谓钩心也。'"

317.《释车》："轓，宪也，所以御热也。"苏舆曰："《文选》'轓'作'幰'，引云：'车幰，所以御热也。'《晋书音义》中引首句作'轓，车幔也'，以本书例推之，非是。《御览·车部五》引《通俗文》：'张布曰幰。'《说文》无'幰'字。'幰'在《新附》中。"

318.《释车》："彊，彊也，系之使不得出彊限也。"苏舆曰："《汉书·叙传》：'今吾子已贯仁谊之羁绊，系声名之彊琐。'颜注：'彊，如马彊也。'"

319.《释车》："负，在背上之言也。"苏舆曰："本书《释姿容》：'背，负也，置项背也。'与此互训。《方言》七：'凡以驴马馲驼载物者，谓之负佗。'即此'负'字之义。"

320.《释船》:"舟中床以荐物者曰笭,言但有簨如笭床也。^{苏舆曰:}"《御览·车部四》'笭'作'筌',其幖目为'筌篨',下'虑'作'篨'。"南方人谓之笭窌,言湿漏之水突然从下过也。"

321.《释船》:"上下重版曰槛。四方施版,以御矢石,其内如牢槛也。^{苏舆曰:"《御览·车部三》引《营缮令》曰:'诸私家不得有战舰等船。'谓此。"}

322.《释船》:"二百斛以下曰艇。^{苏舆曰:"《淮南·俶真训》:'越舲蜀艇,不能无水而浮。'高注:'蜀艇一版之船,若今豫章是也。'《方言·九》:'小帽 艒 谓之艇。'《小尔雅·广器》:'小船谓之艇。'"}艇,挺也,其形径挺,一人、二人所乘行者也。"

323.《释疾病》:"疹,诊也,有结聚可得诊见也。"^{苏舆曰:"毕以疹为概言病,是也。故疹、疾连文,次于疾病之后,下别出胗,乃《说文》之'胗',与此迥异(说见下)。《玉篇》《三仓》之训,亦非此疹字义。《文选·思玄赋》'思百忧以自疹'旧注:'疹,疾也。'《内经·奇病论刺法》曰:'无损不足益有余,以成其疹。'王注:'疹,谓久病。'即此'疹'字之旨。人久疾病,其结病之处,必有部分可以诊见,故云然。若从肿与'皮外小起'之训,则不合'诊'义矣。"}

324.《释疾病》:"目生肤入眸子曰浸。浸,侵也,言侵明也,亦言浸淫转大也。^{苏舆曰:"《列子·汤问篇》释文:'浸,一本作侵,浸、侵字古通。'《汉书·司马相如传》:'澄淫衍溢。'颜注:'澄淫,犹积渐也。'浸、寖同。"}

325.《释疾病》:"聋,笼也,如在蒙笼之内,听不察也。^{苏舆曰:"耳名窗笼,见《灵枢·卫气篇》,故此以'聋'训'笼'。《御览·疾病三》引无'听'字。"}

326.《释疾病》:"鼻塞曰鼽。^{苏舆曰:"《御览·疾病三》引作'鼻塞曰齆',无下文,又引崔鸿《后赵录》'王谟齆鼻,言不清畅',及《幽明录》'晋司空桓豁在荆州,有参军教鹦鹉语,有一人齆鼻,语难学,因以头内瓮中以效',二条。"案:"《一切经音义》引《仓颉》云:'齆,鼻疾也。'王充《论衡》云:'鼻不知香臭为齆。'则'齆'本鼻塞之病,但与本书下文之义实不相合,疑《御览》误引。抑别有一条,而今本佚之也。《月令》'鼽嚏',《吕览·季秋纪》作'鼽窒',高注:'鼽窒,鼻不通也。'"}鼽,久也,涕久不通,遂至窒塞也。"

327.《释疾病》:"龋,齿朽也,虫啮之齿缺朽也。^{苏舆曰:"龋有上齿}

齲下齿齲之别，见《灵枢·五邪篇》。《史记·扁鹊仓公传》：'齐中大夫病龋齿。'《正义》引本书无二'齿'字。"

328.《释疾病》："胇，否也，气否结也。"苏舆曰："《内经·六元正纪大论》云：'寒至则坚否，腹满痛急，下利之病生矣。'"

329.《释疾病》："注病，苏舆曰："《疡医》郑注：'祝读如注病之注。'即此。"一人死，一人复得，气相灌注也。"

330.《释疾病》："阴肿曰隤，气下隤也。又曰疝，亦言诜也，诜诜引小腹急痛也。"苏舆曰："《内经·长刺论》：'病在少腹之痛，不得大小便，病名曰疝。'即此。"

331.《释疾病》："酸，逊也。逊，遁在后也，言脚疼力少，行遁在后，似逊遁者也。"苏舆曰："本书《释亲属》：'孙，逊也，逊遁在后生也。'与此'逊遁'义同。"

332.《释疾病》："懈，解也，骨节解缓也。"苏舆曰："《灵枢·口问篇》：'黄帝曰：人之軃者，何气使然？岐伯曰：胃不实则诸脉虚，虚则筋脉懈惰，筋脉懈惰则行阴用，力气不能复，故为軃。'懈亦軃之类也。"

333.《释疾病》："厥，逆气从下厥起，上行入心胁也。"苏舆曰："《内经·腹中论》：'帝曰：有病膺肿、颈痛、胸满、腹胀，此为何病？何以得之？岐伯曰：名厥逆。'王注：'气逆所生，故名厥逆。'《吕氏春秋·重己篇》'多阴则蹶'，高注：'蹶，逆寒疾也。'《中山经》'服之不厥'，郭注：'厥，逆气病。'即此。'厥''蹶'字同，或言'厥'，或言'厥逆'，其证一也。《史记·扁鹊仓公传》正义引无'逆'字，非。又'入心胁也'作'外及心胁也'。"

334.《释疾病》："瘧，酷虐也。凡疾，或寒或热耳，而此疾先寒后热，两疾似酷虐者也。"苏舆曰："瘧，有先寒后热、先热后寒、但热不寒三证，见《内经·瘧论》。此但云'先寒后热'，盖偏指寒瘧言之。"

335.《释疾病》："疥，齘也，痒搔之，齿齘齘也。"毕沅曰："《说文》无'齘'字，当作'噤'，口闭也。"苏舆曰："《灵枢·热病篇》：'腰折瘛瘲，齿噤齘也。'毕云'齘'当作'噤'，是。"

336.《释疾病》："胗，展也，痒搔之，捷展起也。"毕沅曰："上文已有

'疹'一条，此作'胗'，亦与《说文》'唇疡'不合，云'痒搔'则与前之'隐疹'并无异，盖重出也。"苏舆曰："毕说非也。此正与《说文》'胗，唇疡也'训合。《灵枢·经脉》所云'唇胗'即此。凡疡疾无不痒搔，搔则皮肤展起，故'胗'训为'展'，与前'疹'义绝殊。毕疑重出，殆泥于《说文》'胗''疹'之同字耳。"又案：'捷'疑当作'唇'，上云'痒搔之，齿齱龂也'，句法正与此一例，'捷'字无义，当是误文。"

337.《释疾病》："瘤，流也，血流聚所生瘤肿也。"苏舆曰："《御览·疾病三》引下句作'血聚而生瘤肿也'。"

338.《释疾病》："赘，属也，横生一肉，属著体也。"苏舆曰："《御览·疾病三》引'著'上无'属'字。案：'《庄子·骈拇篇》释文引亦有'属'字，《御览》盖脱。又《释文》一云：'瘤，结也。'此以'瘤''赘'分释，其义不同。"

339.《释疾病》："肬，丘也，出皮上，聚高如地之有丘也。"苏舆曰："'肬''丘'叠韵。本书《释州国》：'丘，聚也。'"

340.《释丧制》："天子曰崩，崩坏之形也。崩，硼声也。"苏舆曰："《说文》无'硼'字。《玉篇》：'硼，击石也。'"

341.《释丧制》："舆棺之车曰輀。輀，耳也，悬于左右前后，铜鱼摇绞之属耳耳然也。其盖曰柳。柳，聚也，苏舆曰："《史记·季布栾布传》：'乃髡钳季布，衣褐衣，置广柳车中。'《集解》引李奇云：'大牛车也，车上覆为柳。'即此。《尚书大传》：'度西曰柳谷。'郑注：'五色聚为柳。'《周礼·丧记》贾疏：'柳者，诸色所聚。'"众饰所聚，"

342.《释丧制》："既葬，还祭于殡宫曰虞，谓虞乐安神，使还此也。"苏舆曰："《御览·五百三十一》引《白虎通》云：'所以虞而立主，何孝子既葬日中反虞？念亲已没，棺枢已去，怅然失望，伤徨哀痛，故设桑主以虞，所以慰孝子之心，虞安其神也。'"

343.《释丧制》："冢，肿也，象山顶之高肿起也。"苏舆曰："本书《释山》：'山顶曰冢。冢，肿也，言肿起也。'《御览·礼仪三十六》引'高'下有'者'字。"

344.《释丧制》："丘，象丘形也。陵亦然也。"苏舆曰："《御览·礼仪三十六》引此条作'丘陵，象其形也'。"

345.《释名·序（刘熙）》："夫名之于实，各有义类。"苏舆曰："《文献通考·十八》引'义类'作'类义'。"

346.《释名·序（刘熙）》："百姓日称而不知其所以之意。"苏舆曰："《通考》引'以'下有'然'字，当据补。"

347.《释名·序（刘熙）》："故撰天地、阴阳、四时、邦国、都鄙、车服、丧纪，下及民庶应用之器，论叙指归，谓之《释名》。"苏舆曰："《通考》引无此八字，作'即物名以释义'。"

348.《释名·序（刘熙）》："凡二十七篇，至于事类，未能究备。凡所不载，亦欲智者以类求之。博物君子，其于答难解惑，王父幼孙，朝夕侍问，以塞。"苏舆曰："此语不全，下有夺文。"

349.《释名·序（刘熙）》："可谓之士，苏舆曰："此亦有夺文。" 聊可省诸。"

第四章　王先谦《释名疏证补》"王先慎曰"研究

　　王先慎，字慧英，湖南长沙人，清末官教谕（或云道州训导，训导为教谕之佐），王先谦从弟。著有《韩非子集解》。王先慎也是清人《释名》研究中比较有成就的学者之一，虽未有研究《释名》的专著，但他在其兄王先谦的《释名疏证补》中，亦校注过《释名》，释语简洁，观点鲜明，颇具特色，有比较高的文字训诂价值。

　　王先谦的《释名疏证补》中，据本人统计，共收录了"王先慎曰"总计有70条。王先慎直接在词条下注释的有46条，约占"王先慎（先慎）曰"总数的65.7%，在毕沅、皮锡瑞、苏舆等其他学者注下面作补充说明，或者提出个人见解的有24条，约占"王先慎曰"总数的34.3%。在这些注疏材料中，王先慎主要从文字校勘、阐释词义、评判他说和考证名物制度四方面对刘熙的《释名》进行注释，颇具个人见解，为后世学习和研究《释名》提供了宝贵的文献资料，为还原《释名》全书原貌，对后世公允评价《释名》有一定的参考价值。举例如下：

一、文字校勘

　　王先谦《释名疏证补》中"王先慎曰"之"文字校勘"部分有9条，约占"王先慎曰"总数的13%。这些注疏材料中，涉及通假字、同源通用字、讹字和倒文等方面的问题，王先慎有时是直接提出问题，有时则是通过引文间接佐证。例如：

①"彊，畺也。"王先慎曰："彊，强之本字也。《说文》：'彊，弓有力也。'强，彊之借字也。《说文》：'强，蚚也。'此《尔雅·释虫》所云'强，丑将'也。畺，《说文》：'界也，从田，三其界画也。'此别一义，而其字实相通用。《说文》：'强，籀文从蚰从彊。'《左·襄公二十四年传》'蔿启彊'，《楚语》又作'蔿启疆'。《诗》'万寿无疆'，《白石神君颂》作'万寿无畺'。盖古强弱字只用'彊'，疆界字则用'畺'。自隶俗行，而'彊''畺'之本字俱废矣。"（《释言语》）

王先慎首先指出："彊""强"为通借字，"强"为借字，"彊"为本字。再引《说文》《诗经》等文献，点明"畺"乃"疆"的古字。古"强弱"义用"彊"，"疆界"义则用"畺"。而隶变以后，"彊""畺"作为本字不流行了，而借字"强"和今字"疆"反而流行至今。王先慎的注释是也。

②"镰。"王先慎曰："《说文》作'鎌'，从金，兼声，今通作'镰'。""廉也，体廉薄也，其所刈稍稍取之，又似廉者也。"（《释用器》）

王先慎引《说文》，明确指出"鎌""镰"是一对通假字。《说文》无"镰"字，《玉篇·金部》："镰，力詹切，刈也。"又"鎌，同上"。①即"鎌"同"镰"，应为异体字。

③"山旁陇间曰涌。涌犹桶，桶狭而长也。"王先慎曰："'涌'当为'甬'。《史记·项羽纪》：'筑甬道而输之粟。'甬道，长而狭之道也，义与此近。"（《释山》）

---

① 顾野王：《玉篇》，中华书局，2008年，第83页上。

王先慎认为："涌"当为"甬"。其实"甬""桶""涌"音近义通，均有细长狭窄之义，为同源通用字。广东珠江三角洲一带，把狭窄细长的灌溉水渠或者连接居民生活区的水道称之为"河涌（音冲）"，地名亦保留"涌"，如东莞有"麻涌"。

④"既定死曰尸。尸，舒也，骨节解舒，不复能自胜敛也。"王先慎曰："《初学记·十四》引'解舒'作'舒解'。"（《释丧制》）

王先慎在这里作了文字校勘，指出：《初学记》引《释名》"解舒"为"舒解"，即"倒文"。

⑤"细，弭也，弭弭两致之言也。"王先慎曰："本书《释兵》：'弓末谓之弭，以骨为之，滑弭弭也。'则'弭弭'是'光滑'之义。'致'同'緻'。《诗·斯干》笺'坚致'，《彼都人士》笺'密致'，《释文》并云：'致本作緻。'《礼·聘义》注：'缜，致也。'《释文》同。今俗言'细緻'，即其义。'两'无义，盖讹字。"（《释言语》）

王先慎引《释名·释兵》"弭"的解释，说明"弭弭"有"光滑"之义。并指出"致"与"緻"为异体字，再引《诗经》郑笺"坚致""密致"、《经典释文·诗经音义》"致本作緻"等作为佐证。

二、阐释词义

王先谦《释名疏证补》中"王先慎曰"之"阐释词义"的部分有13条，约占"王先慎曰"总数的19%。这些注疏材料中，王先慎有些直接解释词义，有些则通过引文中的词义解释，证明该词义与《释名》的训释吻合，也有解释同义词的，还有指出本义、引申义的。举例如下：

①"艮，限也。时未可听物生，限止之也。"毕沅曰："《象传》：'艮，止也。'"王先慎曰："'限'与'很'义通。《易·艮卦》郑注：'艮之言很也。一阳在上，二阴在下，阳君阴臣，不相与通。'《说文》：'很，不听从也。'并与'时未可听物生'义近。又《说文》'很'下云：'一曰行难也。''限'下云：'阻也。''行难'即'阻难'，故高诱注《秦策》云：'限，难也。'直以'难'训'限'，与此'限止'义合。《易》：'艮其限。'《释文》引马注：'限，要也。'又虞注：'要带处也。'此别一义。"（《释天》）

王先慎征引了大量的文献，来证明"限"与"很"的关系，认为两者均有"阻""难"之义，故与刘熙"时未可听物生"义合。此外，王先慎还补充了"限，要也"之别一义。

②"鼻，嘒也，出气嘒嘒也。"王先慎曰："《说文》'鼻'下云：'引气自畀也，从自畀。''畀''嘒'声近。又'嘒'下云：'小声也。'嘒嘒者，气徐出有声'。"（《释形体》）

王先慎引《说文》，指出"鼻""嘒"声近，"嘒嘒"即"呼气声音小且出气慢"之义。

③"简，间也，编之篇篇有间也。"王先慎曰："间，谓间断也。《汉书·艺文志》：'刘向以中古文校欧阳、大小夏侯三家经文，《酒诰》脱简一，《召诰》脱简二。率简二十五字者，脱亦二十五字，简二十二字者，脱亦二十二字。'《左传》服虔注：'古文篆书一简八字。'《正义》：'简之所容一行字耳。'每简仅容字一行，故'编之篇篇有间也'。"（《释书契》）

王先慎指出："间，谓间断也。"即古人把文章刻写在竹简上，篇与篇之间留有空隙，称之为"间"。并引《尚书》的《酒诰》《召诰》，以及《左传》等例证，说明每支竹简仅容纳一行字，以此证明刘熙的训释"编之篇篇有间也"是可信的。

④"烦，繁也，物繁则相杂挠也。"王先慎曰："《大戴·少间篇》：'列五王之德，烦烦如繁诸乎？'注：'烦，众也。如繁者，言如万物之繁芜也。''烦''繁'义相因。《一切经音义·十四》引《字林》：'挠，扰也。'"（《释言语》）

王先慎引《大戴·少间篇》卢辩注，说明"烦""繁"义相通。再引《一切经音义》引《字林》"挠，扰也"的义训，说明"挠""扰"同义。

⑤"绝，截也，如割截也。"王先慎曰："《说文》：'绝，断丝也。古文作𢇍，象不连体绝二丝。'是'绝'之本义为'丝之断'，引申为凡割断之通称。《说文》：'截，断也。''绝''截'二字皆取'断'义。故成国释'绝'为'截'。《穆天子传》注：'绝，犹截也。'"（《释言语》）

王先慎引《说文》"绝，断丝也"，指出"绝"的本义和引申义，又《说文》"截，断也"，"截"与"绝"均有"断"义，故王先慎认为刘熙"绝，截也，如割截也"是正确的。

三、评判他说

王先谦《释名疏证补》中"王先慎曰"之"评判他说"的部分数量最多，共有47条，约占"王先慎曰"总数的67%。这些注疏材料又分为两大类：一类是引用文献，虽未直接评说，但所引文献已经表明态度；第二类是引用文献，加以评说。

（一）引用文献，未加评说

虽未直接评说，但所引文献已经表明态度，赞同或者认同他说。这部分有33条，约占"评判他说"总数的70%。举例如下：

① "锐上曰融丘。融，明也；明，阳也。凡上锐皆高而近阳者也。" 王先慎曰："《史记·楚世家》集解引虞翻云：'融，明也。'《诗》'昭明有融'传：'融，高也。'《说文》：'阳，高明也。'"（《释丘》）

王先慎引《说文》《史记集解》和《诗经》毛传等文献，表明刘熙"融，明也；明，阳也。凡上锐皆高而近阳者也"的训释是有理据的。

② "三达曰剧旁。古者列树以表道。" 王先慎曰："《周语》：'周制，列树以表道。'"（《释道》）

王先慎引《国语·周语》，指出刘熙的"古者列树以表道"中的"古者"是"周制"。

③ "青州在东，取物生而青也。州，注也，郡国所注仰也。" 王先慎曰："《说文》：'水中可居曰州，周绕其旁，昔尧遭洪水，民居水中高土，故曰九州。'州高于水，故可注仰，耳目所属曰注。《老子》云'百姓皆注其耳目'是也。"（《释州国》）

王先慎引《说文》《老子》作为佐证，解释"州""注""注仰"的含义，间接地认同刘熙的解释。

④"八十曰耋。耋，铁也，皮肤变黑，色如铁也。"王先慎曰："《释亲》孙炎注：'耋，老人面如铁也。'"（《释长幼》）

王先慎引《尔雅·释亲》孙炎注"耋，老人面如铁也"，点明刘熙沿用了故训。

⑤"属，续也，恩相连续也。"王先慎曰："《说文》：'属，连也。'《淮南·说林训》：'亲莫亲于骨肉。节族之属连也。'"（《释亲属》）

刘熙用"连续"训释"属"，王先慎则引《说文》《淮南子》等训释，指出"属"有"连"的意思，而"连续"又可以训释"属"，那么，"属，续也，恩相连续也"，就是指宗族亲属间的血脉相连，亲情延续。

（二）引用文献，加以评说

这部分有 14 条，约占"评判他说"总数的 30%。在《释名疏证补》的"王先慎曰"中，有赞同刘熙、毕沅、皮锡瑞之说的，也有质疑他们的观点的，态度明确，观点鲜明，语言简洁，颇具特色。举例如下：

①"帔，袆也。袆，蔽膝也，所以蔽膝前也。妇人蔽膝亦如之，齐人谓之巨巾，田家妇女出，至田野，以覆其头，故因以为名也。"王先慎曰："《礼·玉藻》：'袆，下广二尺，上广一尺，长三寸，其颈五寸，肩革带博二寸。'故妇女以覆其头。《方言》：'蔽膝，江淮之间谓之袆，或谓之袚，魏、宋、南楚之间谓之大巾，自关东西谓之蔽膝，齐、鲁之郊谓之袡。'方言随时变易，故扬、刘所说不同。'巨巾''大巾'，其义一也。"（《释衣服》）

王先慎引《礼记·玉藻》，解释"袆"的形制、功能等，再引《方言》对"蔽膝"的训释，指出：刘熙的训释与扬雄的说法不同，是由于方言随时变易的结果。并点明"大巾"即"巨巾"，意思是一样的。

②"酉，秀也；秀者，物皆成也。"王先慎曰："秀，华美意。《论语》：'苗而不秀者有矣夫！秀而不实者有矣夫！'《月令》：'秀草不实。'昔人无训'秀'为'成实'义。《诗》毛传：'不荣而实谓之秀。'《释草》无'不'字，作'荣而实曰秀'（见《释文》）。成国沿之，训为'物成'，恐非。"（《释天》）

王先慎认为"秀"多有"华美"之义，并引《论语》《月令》等文献佐证。王氏指出，刘熙训"秀"为"物成"不妥，古人未有训"秀"为"成实"的。

③"佩刀，在佩旁之刀也。或曰容刀，有刀形而无刃，备仪容而已。"王先慎曰："容刀，刀室也。刀有室乃可佩，非佩刀之旁另有刀也。成国所释殊误。"（《释兵》）

王先慎在此指出刘熙训释的错误。刘熙认为"佩刀，在佩旁之刀也。或曰容刀"是"有刀形而无刃，备仪容而已"。即"佩刀""容刀"是同一种刀，是配饰之"刀"。我们先看看前人的几种解释。《诗经·大雅·公刘》："鞞琫容刀。"陈奂《毛诗传疏》："容刀，佩刀也。"此与刘熙的解释吻合。《公刘》诗又云："何以舟之？维玉及瑶，鞞琫容刀。"郑笺："进玉瑶容刀之佩。"朱熹《诗集传》："容刀，容饰之刀。"郑、朱对"容刀"的解释为"容刀之佩""容饰之刀"。王先慎指出："容刀，刀室也。刀有室乃可佩，非佩刀之旁另有刀也。"即"容刀"为"刀室"，有刀室才可以佩带。王先慎与刘熙等人的观点并不一致。

④"屦，礼也，饰足所以为礼也。亦曰屦。屦，拘也，所以拘足也。"毕沅曰："今本无'亦曰屦'三字。《御览》引作'亦曰抱也，所以抱足也'，合此比校，则其'抱'字乃'拘'字之讹。即可知'亦曰抱也''亦曰'下脱两'屦'字尔。因据以增之。又今本'舃'在'屦'后，'屦'在'舃'后，各提行别起。《御览》引'亦曰'云云，承'为礼也'之下。'复其下'云云，承'抱足也'之下。案：郑注《周礼·屦人》：'复下曰舃，禅下曰屦。'然则舃是屦之复者，此'复其下曰舃'谓复屦之下也，自当承'所以拘足也'之下，遂据以更正之。'"王先慎曰："《屦人》'青句'注：'句，当为絇，声之误也。絇谓之拘，著舃屦之头，以为行戒。'《士冠礼》'黑絇'注：'絇之为言拘也，以为行戒。'正成国所本。明此当为'拘'字。《御览》作'抱'，误，毕说是。"（《释衣服》）

王先慎首先指出了句、絇和拘三字之间的关系，引《仪礼·士冠礼》"絇之为言拘也"，说明刘熙所释正确，且有理据。接着肯定了毕沅的说法，即《太平御览》引"亦曰抱也，所以抱足也"之"抱"是"拘"的讹字。

⑤"颊，夹也，面旁称也，亦取挟敛食物也。"毕沅曰："'面'，今本讹为'两'，据《御览》引改。"王先慎曰："今本'两'上脱'面'字，《御览》引'面'下脱'两'字。《急就篇》颜注：'面两旁曰颊。'即本此，可证。毕改非是。"（《释形体》）

毕沅认为今本"两旁称也"应改为"面旁称也"，理由是根据《太平御览》引改。王先慎此处纠正了毕说，认为毕沅据《太平御览》改字不妥，也没有必要。王先慎指出：今本《释名》"两"字前面脱"面"字，《太平御览》引"面"字后又脱"两"字，故王先慎又引《急就篇》

颜师古注"面两旁曰颊"为佐证，故此条正确的表述应为"颊，夹也，面两旁称也，亦取挟敛食物也"。

⑥"霓，啮也。"皮锡瑞曰："《说文》：'陧，班固说：不安也。《周书》曰：邦之阢陧。读若虹蜺之蜺。'五结切。《梁书·王筠传》：'沈约作《郊居赋》示筠，筠读至"雌霓（五的翻）连蜷"，约抚掌欣抃曰："仆尝恐人呼为霓（五今翻）。"'是霓古读入声，与"啮"音近。'"王先慎曰："《汉书·天文志》：'抱珥虹蜺。'如淳曰：'蜺，读曰啮。'是二字古音本同。"（《释天》）

王先慎赞同皮锡瑞的观点，认为"霓""啮"古音本来就相同。

四、考证名物制度

这部分只有 1 条，约占"王先慎曰"总数的 1%。在这唯一的一条注释材料里，王先慎详细考证了"车裂"这种刑罚名称的别称，认为不同时代、不同国家的名称虽然不同，但实质内容是一致的。如：

"车裂曰辕，辕，散也，肢体分散也。"王先慎曰："《韩非子·奸劫弑臣篇》：'商君所以车裂于秦，吴起所以支解于楚。''车裂''支解'，春秋时期谓之'辕'，战国时楚曰支解，秦曰车裂，名虽不同，其刑一也。《御览》引《说苑》：'秦始皇取嫪毐，四支车裂之。'是秦国相传谓辕曰车裂之证。"（《释丧制》）

王先慎引《韩非子》，说明春秋时期"辕"为"车裂""支解"的别称，战国时期楚国称为"支解"，秦国称为"车裂"，其实刑罚实质是一样的，只是名称不同而已。接着，王先慎又引《太平御览》引《说苑》

"秦始皇取嫪毐，四支车裂之"为证，即秦始皇杀嫪毐就用了车裂之酷刑，证明当时秦国使用了"车裂"这种残酷刑罚。同时，王先慎也因此确证了刘熙"车裂曰镮"的训释是对的。

综上所述，本章对王先谦的《释名疏证补》中收录的70条"王先慎曰"注疏材料进行了比较全面系统的分析和研究，主要从文字校勘、阐释词义、评判他说和考证名物制度四方面去探究王先慎对刘熙《释名》的注释，尤其是王先慎对前人和同时代人的注疏得失敢于表明态度，并加以评说，即使有些未能直接评说，他也通过引用大量的古代典籍文献，或间接表明态度，或佐证刘熙的训释，这对还原《释名》的原貌，对后世读者学习和研究《释名》有很重要的指导作用。

附录：王先谦《释名疏证补》"王先慎曰"语料

1. 《释天》："秋曰旻天，旻，闵也，物就枯落可闵伤也。冬曰上天，其气上腾，与地绝也。故《月令》曰：'天气上腾，地气下降。'"王先慎曰："《五经异义》引古《尚书》说云：'元气广大，则称昊天；仁覆旻下，则称旻天；自上监下，则称上天；据远视之苍苍然，则称苍天。'此义与《释名》同，且先于李、郭之说。《白虎通·四时篇》云：'四时天异名何？天尊，各据其盛者为名也。春秋物变盛，冬夏气变盛。春曰苍天，夏曰昊天，秋曰旻天，冬曰上天。'均与《释名》义同，亦先于郭、李者。"

2. 《释天》："《易》谓之乾。乾，健也，健行不息也。又谓之玄。玄，縣也，如縣物在上也。"王先慎曰："《说文》：'玄，幽远也。黑而有赤色者为玄，象幽而入覆之也。'《释亲》郭注：'玄者，言亲属微昧也。'亦有幽远意。本书《释亲》：'玄孙，玄，縣也，上縣于高祖，最在下也。'即取'远'义。此'縣'字亦训为'远'，谓天在上，远于下也。《素问·天玄纪》《文选·东京赋》注引《广雅》云：'玄，远也。'《淮南·主术训》注：'縣，远也。'是'玄''縣'古同训'远'。"

3. 《释天》："月，阙也，满则阙也。王先慎曰："《春秋元命苞》《白虎通》：'月之为言阙也。'王肃《家语·礼运篇》：'月三五而盈，三五而阙。'注：'月，阴道，不常满，故十五日而满，十五日而阙。'"

4.《释天》："光，晃也。晃晃然也。亦言广也，所照广远也。"王先慎曰："《诗·敬之》传：'光，广也。'即成国所本。《说文》：'廣，从广，黄声。''黄，从田从茺，茺亦声。茺，古文光。'光、廣古通。"

5.《释天》："晷，规也。如规画也。"王先慎曰："晷、规叠韵。《易通卦验》：'冬至之日，树八尺之表。日中，视其晷之如度者，则岁美，人民和顺；晷不如度者，则其岁恶，人民为讹言，政令为之不平。'是晷所以为度，规即象晷以成度。义亦通。《周语》注：'规，规画而有之。'"

6.《释天》："丑，纽也。寒气自屈纽也。于《易》为艮。艮，限也。时未可听物生，限止之也。"毕沅曰："《象传》：'艮，止也。'"王先慎曰："'限'与'很'义通。《易·艮卦》郑注：'艮之言很也。一阳在上，二阴在下，阳君阴臣，不相与通。'《说文》：'很，不听从也。'并与'时未可听物生'义近。又《说文》'很'下云：'一曰行难也。''限'下云：'阻也。''行难'即'阻难'，故高诱注《秦策》云：'限，难也。'直以'难'训'限'，与此'限止'义合。《易》：'艮其限。'《释文》引马注：'限，要也。'又虞注：'要带处也。'此别一义。"

7.《释天》："酉，秀也；秀者，物皆成也。"王先慎曰："秀，华美意。《论语》：'苗而不秀者有矣夫！秀而不实者有矣夫！'《月令》：'秀草不实。'昔人无训'秀'为'成实'义。《诗》毛传：'不荣而实谓之秀。'《释草》无'不'字，作'荣而实曰秀'（见《释文》）。成国沿之，训为'物成'，恐非。"

8.《释天》："霓，啮也。"皮锡瑞曰："《说文》：'陧，班固说：不安也。《周书》曰：邦之阢陧。读若虹蜺之蜺。'五结切。《梁书·王筠传》：'沈约作《郊居赋》示筠，筠读至"雌霓（五的翻）连蜷"，约舞掌欣抃曰："仆尝恐人呼为霓（五兮翻）。"'是霓古读入声，与"啮"音近。'"王先慎曰："《汉书·天文志》：'抱珥虹蜺。'如淳曰：'蜺，读曰啮。'是二字古音本同。"

9.《释天》："珥，气在日两旁之名也。珥，耳也，言似人耳之在两旁也。"王先慎曰："《吕氏春秋·明理篇》高注：'珥，日旁之危气也，在上内向为冠，两旁内向为珥。'《开元占经·日占篇》引石氏云：'日两旁有气，短小青赤名为珥。'"

10.《释天》："流星，星转行如流水也。"王先慎曰："《天文志》：'彗孛飞流。'孟康注：'流，光迹相连也。'"

11.《释地》："广平曰原。原，元也，如元气广大也。"王先慎曰："《春秋繁露·重政篇》：'元，犹原也。'二字转相注。"

12.《释地》："下湿曰隰。隰，蛰也，蛰，湿意也。"王启原曰："吴校下'蛰'字重。"王先慎曰："《尔雅》：'蛰，静也。'《说文》、虞氏《易注》并云：'蛰，藏也。'均无下湿义。'蛰'当作'垫'。《方言》《说文》《庄子》司马注并云：'垫，下也。'是'垫'为凡在下之称。《书》'下民昏垫'，郑注：'陷也。'某传'溺也'。土为水湿，势若陷溺。是此文当作'下湿曰隰。隰，垫也，垫湿意也'。后人以'垫'音叠（《汉·地理志》孟康注：'垫音叠。'），与'隰'声别。故改'垫'为'蛰'，不顾其义之不通矣。《说文》：'垫，从土，执声。'执、隰音近。《一切经音义》四：'濕，溼垫也。'即本此训。从土不从虫，犹见唐以前，此字尚不误。"

13.《释山》："山旁陇间曰涌。涌犹桶，桶狭而长也。"王先慎曰："'涌'当为'甬'。《史记·项羽纪》：'筑甬道而输之粟。'甬道，长而狭之道也，义与此近。"

14.《释水》："山夹水曰涧。毕沅曰："《说文》：'涧，山夹水也。'《尔雅》：'山夹水涧'，在《释山》篇。"涧，间也，言在两山之间也。"毕沅曰："《艺文类聚》引无'之'字。"王先慎曰："《广雅·释诂》：'涧，间也。'《易》'鸿渐于干'，《释文》云：'荀爽、王肃干作涧。'注：'山间涧水也。'"

15.《释丘》："锐上曰融丘。融，明也；明，阳也。凡上锐皆高而近阳者也。"王先慎曰："《史记·楚世家》集解引虞翻云：'融，明也。'《诗》'昭明有融'传：'融，高也。'《说文》：'阳，高明也。'"

16.《释道》："三达曰剧旁。古者列树以表道。"王先慎曰："《周语》：'周制，列树以表道。'"

17.《释州国》："青州在东，取物生而青也。州，注也，郡国所注仰也。"王先慎曰："《说文》：'水中可居曰州，周绕其旁，昔尧遭洪水，民居水中高土，故曰九州。'州高于水，故可注仰，耳目所属曰注。《老子》云'百姓皆注其耳目'是也。"

18.《释州国》："益州。益，阸也，所在之地险阸也。"王先慎曰："《春秋元命苞》：'益之为言阸也。'《管子·山权数》云：'阸者，所以益也。'"

19.《释州国》："宋，送也。王先慎曰："《说文》：'宋，尻也，读若送。'"地接淮泗而东南倾，以为殷后，若云滓秽所在，送使随流东入海也。"

20.《释州国》："秦，津也，其地沃衍，有津润也。"王先慎曰："《战国策》：'秦沃野千里。'《说文》：'秦地宜禾。'《周礼·大司徒》注：'津，润也。'"

21.《释州国》："晋，进也，王先慎曰："本《易·象辞》。"其地在北，有事于中国，则进而南也；又取晋水以为名，其水讯进也。"

22.《释州国》："鲁，鲁钝也，王先慎曰："《檀弓》：'容居，鲁人也。'注：'鲁，鲁钝也。'又：'其妻鲁人也。'注：'言虽鲁钝，其于礼胜。'国多山水，民性朴鲁也。"

23.《释州国》："衛，衛也。王先慎曰："《说文》：'衛，宿衛也，从韋从行。行，列衛也。'"既灭殷，立武庚为殷后，三监以守衛之也。"

24.《释州国》："齐，齐也，地在勃海之南，勃齐之中也。"王先慎曰："《史记·封禅书》：'齐之所以为齐，以天齐也。'苏林注：'当天中中齐。'小司马引解道彪《齐记》云：'临菑城南有天齐泉，五泉并出，有异于常，言如天之腹脐也。'"

25.《释州国》："四邑为丘。丘，聚也。"王先慎曰："《尚书》孔安国序：'丘，聚也。'《家语·正论》注九：'丘，国聚也。'"

26.《释形体》："躯，区也，是众名之大总，王先慎曰："《说文》：'躯，体也，体总十二属也。'"若区域也。"

27.《释形体》："身，伸也，可屈伸也。"王先慎曰："《周礼·大宗伯》'侯执信圭'注：'信，当为身，声之误也。信，古伸字。'《荀子·儒效》注：'伸，读为身。'身、伸二字声同而义通。《说文》：'伸，屈伸也。'"

28.《释形体》："肉，柔也。"王先慎曰："《说文》：'腬，嘉善肉也。'"

29.《释形体》："鼻，嘒也，出气嘒嘒也。"王先慎曰："《说文》'鼻'下云：'引气自畀也，从自畀。''畀''嘒'声近。又'嘒'下云：'小声也。'嘒嘒者，气徐出有声。"

30.《释形体》："颊，夹也，面旁称也，亦取挟敛食物也。"毕沅曰："'面'，今本讹为'两'，据《御览》引改。"王先慎曰："今本'两'上脱'面'字，《御览》引'面'下脱'两'字。《急就篇》颜注：'面两旁曰颊。'即本此，可证。毕改非是。"

31.《释形体》："肺，勃也，言其气勃郁也。"王先慎曰："《史记·扁鹊仓公传正义》'肺重三斤三两，六叶两耳。凡八叶，主藏魂魄'注：'肺，孛也，言其气孛，故短也，郁也。'按：孛、勃字通。"

32.《释形体》："肠，畅也，通畅胃气，去滓秽也。"王先慎曰："《白虎通》：'肠为胃纪。'《素问》：'大肠者，传道之官，变化出焉。'"

33.《释姿容》："两脚进曰行。行，抗也，抗足而前也。"王先慎曰："《说文》：'行，人之步趋也。'行必举足。《诗·宾之初筵》'大侯既抗'传：'抗，举也。'"

34.《释姿容》："立，林也，如林木森然，各驻其所也。"王先慎曰："《说文》：'立，住也。从大，在一之上（段本）。'大，人也。一，地也。《周礼·地官》注：'竹木生平地曰林。'立、林二字皆会在地上意。《说文》无'住'字，'驻'下云'马立也'。本篇：'驻，株也，如株木不动也。'"

35.《释姿容》："负，背也，置项背也。"王先慎曰："《释邱》：'邱背有邱为负邱。'《明堂位》注：'负之为言背也。'本书《释车》：'负，在背上之言也。'"

36.《释姿容》："坐，挫也，骨节挫詘也。"王先慎曰："古人坐，以两膝向后，如今跪形，故'骨节挫詘'。下文'跪，危也，两膝隐地，体危阢也'。"

37.《释姿容》："怀，回也，本有去意，回来就己也。亦言归也，来归己也。"王先慎曰："《诗·南山》《鼓钟》《匪风》传：'怀，归也。'"

38.《释长幼》："八十曰耋。耋，铁也，皮肤变黑，色如铁也。"王先慎曰："《释亲》孙炎注：'耋，老人面如铁也。'"

39.《释亲属》："属，续也，恩相连续也。"王先慎曰："《说文》：'属，连也。'《淮南·说林训》：'亲莫亲于骨肉。节族之属连也。'"

40.《释亲属》："子，孳也，相生蕃孳也。"王先慎曰："《白虎通》：'子者，孳也，孳孳无已也。'"

41.《释亲属》："父之弟曰仲父。仲，中也，位在中也。"王先慎曰："《说文》：'仲，中也，从人从中，中亦声。'《韩诗》'仲氏任只'注：'仲，中也，言位在中也。'"

42.《释亲属》："仲父之弟曰叔父。叔，少也。"王先慎曰："《白虎通》：'叔者，少也。'《仪礼·觐礼》：'同姓小邦则曰叔父，其异姓小邦则曰叔舅。''叔'古有'少小'义。"

43.《释亲属》："青徐人谓长妇曰稙长，禾苗先生者曰稙，取名于此也。荆豫人谓长妇曰孰。孰，祝也。祝，始也。"王先慎曰："《郑语》'祝融'，韦昭注：'祝，始也。'"

44.《释亲属》："两壻相谓曰亚，言一人取姊，一人取妹，相亚次也。又并来至女氏门，姊夫在前，妹夫在后，亦相亚也。又曰友壻，言相亲友也。"王先慎曰："《汉书·严助传》：'家贫，为友婿所苦。'此成国所本。"

45.《释言语》："慈，字也。字，爱物也。"王先慎曰："《说文》：'慈，爱也。''字，乳也，爱也。'徐锴云：'《左传》：大不字小。'字，爱也。"

46.《释言语》："友，有也，相保有也。"王先慎曰："《荀子·大略篇》：'友者，所以相有也。'杨注：'友与有同义。'《白虎通·三纲六纪篇》：'友者，有也。'《左传》'季友'，《盐铁论·殊路篇》引作'季有'，《论语·学而》《颜渊》释文并云'有本作友'，二字义同，故通用。《公羊传·定四年传》：'朋友相卫。''相卫'即'相保'也。"

47.《释言语》："敬，警也，恒自肃警也。"王先慎曰："《毛诗·大雅》：'既敬既戒'，郑注《周礼·夏官序》用《韩诗》作'既儆既戒'（儆即警字，见《一切经音义》）。《鸡鸣·序》'夙夜警戒'，释文：'警本作敬。'是'敬''警'二字古通用。《常武》笺云：'敬之言警也。'《说文》：'敬，肃也。'"

48.《释言语》："视，是也，察其是非也。"毕沅曰："此重出，已见《释姿容》，惟少一'其'字。"王先慎曰："古'视''示'二字通用。此'视'盖即'示'字。《说文》：'示，天垂象，见吉凶，所以示人也。'吉凶既著，是非自明，则'示'有'明察是非'之义，与《释姿容》'视，是也，察是非也'说同义别，后人'示'皆改'视'，并此作'示'之本字，亦误改之。'毕云重出，疑非。"

49.《释言语》："彊，畺也。"王先慎曰："彊，强之本字也。《说文》：'彊，弓有力也。'强，彊之借字也。《说文》：'强，蚚也。'此《尔雅·释虫》所云'强，丑将'也。畺，《说文》：'界也，从田，三其界画也。'此别一义，而其字实相通用。《说文》：'强，籀文从蚰从彊。'《左·襄公二十四年传》'薳启彊'，《楚语》又作'薳启疆'。《诗》'万寿无疆'，《白石神君颂》作'万寿无畺'。盖古强弱字只用'彊'，疆界字则用'畺'。自隶俗行，而'彊''畺'之本字俱废矣。"

50.《释言语》："静，整也。"王先慎曰："《说文》：'整从正，正亦声。'故'整'有'正'义。《礼·月令》注：'整，正列也。'《庄子·人间世》：'正则静。'《史记·老子列传》：'清静自正。'故'静'训为'整'。"

51.《释言语》："细，弭也，弭弭两致之言也。"王先慎曰："本书《释兵》：'弓末谓之弭，以骨为之，滑弭弭也。'则'弭弭'是'光滑'之义。'致'同'缴'。《诗·斯干》笺'坚致'，《彼都人士》笺'密致'，《释文》并云：'致本作缴。'《礼·聘义》注：'缜，致也。'《释文》同。今俗言'细缴'，即其义。'两'无义，盖讹字。"

52.《释言语》："烦，繁也，物繁则相杂挠也。"王先慎曰："《大戴·少间篇》：'列五王之德，烦烦如繁诸乎？' 注：'烦，众也。如繁者，言如万物之繁芜也。'' 烦' '繁' 义相因。《一切经音义·十四》引《字林》：'挠，扰也。'"

53.《释言语》："绝，截也，如割截也。" 王先慎曰："《说文》：'绝，断丝也。古文作 𢇍，象不连体绝二丝。' 是 '绝' 之本义为 '丝之断'，引申为凡割断之通称。《说文》：'截，断也。'' 绝' '截' 二字皆取 '断' 义。故成国释 '绝' 为 '截'。《穆天子传》注：'绝，犹截也。'"

54.《释采帛》："蒸栗，染绀使黄，色如蒸栗然也。" 王先慎曰："《急就篇》'蒸栗绢绀缙红燃' 注：'蒸栗，黄色，若蒸熟之栗也。'"

55.《释衣服》："领，颈也。王先慎曰："《诗·硕人》《桑扈》毛传并云：'领，颈也。'" 以壅颈也。"

56.《释衣服》"袯，韠也。韠，蔽膝也，所以蔽膝前也。妇人蔽膝亦如之，齐人谓之巨巾，田家妇女出，至田野，以覆其头，故因以为名也。" 王先慎曰："《礼·玉藻》：'韠，下广二尺，上广一尺，长三寸，其颈五寸，肩革带博二寸。' 故妇女以覆其头。《方言》：'蔽膝，江淮之间谓之祎，或谓之袚，魏、宋、南楚之间谓之大巾，自关东西谓之蔽膝，齐、鲁之郊谓之袡。' 方言随时变易，故扬、刘所说不同。'巨巾' '大巾'，其义一也。"

57.《释衣服》："履，礼也，饰足所以为礼也。亦曰屦。屦，拘也，所以拘足也。" 毕沅曰："今本无 '亦曰屦' 三字。《御览》引作 '亦曰抱也，所以抱足也'，合此比校，则其 '抱' 字乃 '拘' 字之讹。即可知 '亦曰抱也' '亦曰' 下脱两 '屦' 字尔。因据以增之。又今本 '舄' 在 '履' 后，'屦' 在 '舄' 后，各提行别起。《御览》引 '亦曰' 云云，承 '为礼也' 之下。'复其下' 云云，承 '抱足也' 之下。案：郑注《周礼·屦人》：'复下曰舄，禅下曰屦。' 然则舄是屦之复者，此 '复其下曰舄' 谓复屦之下也，自当承 '所以拘足也' 之下，遂据以更正之。'" 王先慎曰："《屦人》'青句' 注：'句，当为绚，声之误也。绚谓之拘，著舄屦之头，以为行戒。'《士冠礼》'黑绚' 注：'绚之为言拘也，以为行戒。' 正成国所本。明此当为 '拘' 字。《御览》作 '抱'，误，毕说是。"

58.《释宫室》："室，实也，人物实满其中也。" 王先慎曰："《说文》：'室，实也。'《广雅》同。《曲礼正义》：'因其财物充实曰室，室之言实也。'"

59.《释宫室》："城，盛也，盛受国都也。" 王先慎曰："《说文》：'城，以盛民也。从土从成，成亦声。'《古今注》：'城者，盛也，所以盛受民物也。'"

60.《释床帐》："毡，旃也。王先慎曰："《说文》'毡，从毛亶声'；旃'或从亶'作氊。二字均从亶得声。《老子》王注：'必知毡裘。'《释文》'毡，本作旃。'是毡、旃通用。"毛相著旃旃然也。""

61.《释书契》："简，间也，编之篇篇有间也。"王先慎曰："间，谓间断也。《汉书·艺文志》：'刘向以中古文校欧阳、大小夏侯三家经文，《酒诰》脱简一，《召诰》脱简二。率简二十五字者，脱亦二十五字，简二十二字者，脱亦二十二字。'《左传》服虔注：'古文篆书一简八字。'《正义》：'简之所容一行字耳。'每简仅容字一行，故'编之篇篇有间也'。""

62.《释典艺》："九丘。丘，区也，区别九州之土气，毕沅曰："今本脱'之'字，据《北堂书钞》引增。"王先慎曰："'之'字不增亦通，《艺文类聚·五十五》引作'区别九州土气'，是唐人所见《释名》亦有无'之'字之本。"教化所宜施者也。此皆三王以前、上古羲皇时书也。今皆亡，惟《尧典》存也。""

63.《释典艺》："经，径也，常典也。如径路无所不通，可常用也。"王先慎曰："《初学记·二十一》引'如'上有'言'字。"

64.《释用器》："镰，王先慎曰："《说文》作'鎌'，从金，兼声，今通作'镰'。"廉也，体廉薄也，其所刈稍稍取之，又似廉者也。""

65.《释用器》："锥，利也。"王先慎曰："《说文》：'锥，锐也。'《广雅》：'锐，利也。'""

66.《释用器》："镵，鐏也，有所鐏入也。"王先慎曰："《说文》：'镵，穿木镵也。'本书'矛'下头曰：'鐏，鐏入地也。'《曲礼》'进戈者，前其鐏，后其刃；进矛戟者，前其镦'注云：'锐底曰鐏，平底曰镦。'底锐故能穿入。""

67.《释兵》："佩刀，在佩旁之刀也。或曰容刀，有刀形而无刃，备仪容而已。"王先慎曰："容刀，刀室也。刀有室乃可佩，非佩刀之旁另有刀也。成国所释殊误。""

68.《释车》："衡，横也，横马颈上也。"王先慎曰："《说文》：'衡，牛触，横大木其角。'是'横'之本义为'横木牛角'，引申为'凡物横著之称'。《庄子·马蹄》：'加之以衡阨。'《释文》：'衡，辕前横木，缚轭者也。'《左·宣十二年传》：'拔斾投衡'疏：'衡是马颈上横木。'即本此释。'衡''横'字通义同。""

69.《释丧制》："车裂曰轘，轘，散也，肢体分散也。"王先慎曰："《韩非子·奸劫弒臣篇》：'商君所以车裂于秦，吴起所以支解于楚。''车裂''支解'，春秋时期谓之'镮',战国时楚曰支解,秦曰车裂,名虽不同,其刑一也。《御览》引《说苑》:'秦始皇取嫪毒,四支车裂之。'是秦国相传谓镮曰车裂之证。"

70.《释丧制》:"既定死曰尸。尸,舒也,骨节解舒,不复能自胜敛也。"王先慎曰:"《初学记·十四》引'解舒'作'舒解'。"

第五章　孙诒让《札迻·释名》之案语研究

孙诒让（1848—1908），又名德函，字仲容，浙江瑞安人。幼承家学，聪颖好学。13 岁即撰成《广韵姓氏刊误》一书，18 岁时又写成《白虎通校补》。曾随父孙衣言宦游京师、江淮等地，博采珍本秘籍，广结学者名流，见识大增。清同治六年（1867）中举人。后五赴礼闱不第，遂绝意仕进，专攻学术，著书 30 多种，涉及经学、史学、诸子学、文字学、考据学、校勘学等诸多方面，且都具优异成就。他的《名原》《古籀余论》《古籀拾遗》《经迻》《札迻》等，对研究金文和校释古书，作出了突出的贡献。

雪克在《札迻·校点前记》中说："《札迻》是晚清著名学者孙诒让的校勘训诂名著。孙氏一生，博览群书，无意仕宦。刻意治学，长于训诂，勤于校勘。覃思精研，著作等身。光绪十九年癸巳，时年四十六岁，他集三十年来校读七十八种古籍札记之所成，择其要者，而撰成《札迻》一书，次年刊成，成为他校勘、训诂群籍的代表作之一。"① 这段话简明扼要地介绍了孙诒让的为人为学和治学成就，以及《札迻》成书的过程和学术价值。

近三十多年来，学界对孙诒让《札迻》的研究成果颇丰，其中校勘学方面的研究有：王世伟的《孙诒让〈札迻〉之校勘学研究》②，雷一闻

---

① 雪克、陈野校点：《札迻》，齐鲁书社，1989 年，第 1 页。
② 王世伟：《孙诒让〈札迻〉之校勘学研究》，《社会科学战线》1985 年第 8 期。

的《孙诒让〈札迻〉校勘内容及特点研究》①，孙庆炜的《孙诒让〈札迻·素问王冰注校〉的校勘方法》② 等；校点、校读方面的研究有：汪少华的《〈札迻〉标点商榷》③，徐凌的《孙诒让〈札迻〉文献校读研究》④，徐凌、孙尊章的《孙诒让〈札迻〉校读古籍引证文献材料分析》⑤ 等。此外，方向东的《〈札迻〉诂正（一）》⑥、《〈札迻〉诂正（二）》⑦ 和《〈札迻〉诂正（三）》⑧ 等系列论文，均对《札迻》作了较为全面系统的研究。

本章选取孙诒让《札迻·释名》中的 39 条案语，这些案语特点鲜明，其中不乏有价值的观点。现从以下几方面加以论述：

一、孙氏案语的分类

（一）出示吴校

凡 10 例，占孙氏案语的 26%。这类案语主要是文字校勘，孙氏指出版本异文，绝大多数只不过是把异文点明，并不加以评说，只有少数表明了自己的态度。其中：

1. 未作评说的 7 条，约占"出示吴校"总数的 70%。例如：

① "挟，铁也。其处皮熏黑色如铁也。"（"熏"吴本作"薰"。）案："'熏黑'无义，'熏'当为'薰'。《墨子·兼爱上》篇云：'朝有薰黑

① 雷一闻：《孙诒让〈札迻〉校勘内容及特点研究》，《吉林教育学院学报》2009 年第 5 期。
② 孙庆炜：《孙诒让〈札迻·素问王冰注校〉的校勘方法》，《山东医药大学学报》2017 年第 1 期。
③ 汪少华：《〈札迻〉标点商榷》，《古籍整理研究学刊》1996 年第 9 期。
④ 徐凌：《孙诒让〈札迻〉文献校读研究》，西南师范大学 2005 年硕士学位论文。
⑤ 徐凌、孙尊章：《孙诒让〈札迻〉校读古籍引证文献材料分析》，《温州大学学报》2008 年第 5 期。
⑥ 方向东：《〈札迻〉诂正（一）》，《古籍整理研究学刊》2006 年第 3 期。
⑦ 方向东：《〈札迻〉诂正（二）》，《古籍整理研究学刊》2006 年第 5 期。
⑧ 方向东：《〈札迻〉诂正（三）》，《古籍整理研究学刊》2007 年第 10 期。

之色。'‘黧’字亦见《玉篇》。后《释长幼》云：‘八十曰耋。耋，铁也。皮肤变黑色如铁也。'"（《释姿容》）

这里孙氏出示吴校"熏"作"薰"，指出版本异文，但未评说。毕沅注：《说文》："抶，笞击也。"毕注此处应当指所抶击之处，但毕沅注并未提及"熏"字。孙氏案语指出"熏黑"无义，认为"熏"当为"黧"。《广韵·齐韵》："黧，黑而黄也。"即被抶之处黑黄如铁。

②"眸子明而不正曰通视，言通达目匡一方也。"（吴校"言"下增"视"字。）毕沅曰："亦曰‘通精'。"案："《吕氏春秋·仲春纪》高注云：‘生子必有瘖聋通精狂痴之病。'《淮南子·时则训》注同。毕说盖本于彼。《后汉书·梁冀传》‘洞精矘眄'，李注云：‘洞，通也。'‘通精'即‘洞精'也。"（《释疾病》）

这里孙氏出示吴校"言"下增"视"字，即"言视通达目匡一方也"，但未作评说。孙氏还指出毕说"亦曰‘通精'"。

③"丧祭曰奠。奠，停也。言停久也，亦言朴奠，（‘言'，吴校改‘曰'。）合体用之也。"毕云："‘合体用'语未详。"案："‘合体用之'者，《士丧礼》‘大敛奠'云：‘陈三鼎于门外，北上，豚合升。'郑注云：‘合升，合左右体升于鼎。'即刘所据也，毕殊失考。"（《释丧制》）

这里孙氏出示吴校"言"改"曰"，但未作评说。孙氏案语肯定刘熙的解释，指出毕沅考证不够周密："毕殊失考"。

2. 作评说的 3 条，约占"出示吴校"总数的 30%。例如：

①"咽，咽物也。（吴校改作‘以咽物也'。）或谓之胲，（吴校改

'或日嬰'。）在颐下缨理之中也。（旧本无'下'字，从毕、吴校增。）"
毕云："《说文》：'缨，冠系也。'"案："'缨'与'嬰'通，后《释长
幼》云：'胸前日嬰'，此谓在颐下嬰上文理之中，（《释车》又云：'喉
下称嬰'。）毕说未确。"（《释形体》）

　　这里孙氏出示吴校，略作评说："吴校改'或日嬰'。""旧本无
'下'字，从毕、吴校增。"孙氏认为吴校"或日嬰"正确，因为"缨"
与"嬰"通。孙氏指出毕沅的解释不明确，但孙氏未能说明毕注哪里不
明确。（毕沅在"或谓之膼"下注："《说文》无此字。"接着注："《说
文》：'缨，冠系也。'盖以一条组系于左笄上，绕颐下右相向上系于笄
也，无笄者以二组为缨，两相属于頟，所垂之条于颐下结之，颐下咽也。
今本'在颐'脱'下'字，案文义增。"）其实毕沅这里的"缨"指系帽
子的带子。"膼"即"咽"，有"吞食""咽喉"之义。"嬰"亦指套在
马、犬颈上或胸前的饰物。

　　②"从前引之日绋。绋，发也，发车使前也。县下圹日綍。綍，捋
也，（"捋"旧本误"将"，下同，今从毕、吴两校本改。）徐徐捋下之
也。"案："《玉篇·系部》云：'绋，引棺索也。''綍'同。考《丧礼》
有绋有引，《礼记·杂记》："诸侯执綍五百人。大夫执引者三百人。"郑
注云：'綍、引同耳。庙中日綍，在途日引，互言之。'又《丧大记》注
云：'在棺日綍，行道日引，至圹将窆又日綍。綍或为率。'《仪礼·既夕
礼》注云：'引所以引柩车，在輴轴日绋。'"案："以《三礼》经注考
之，盖綍与引同为大麻索，凡柩殡于庙时则系于輴车，以备迁举。及将
葬载柩于车时，亦以綍举而载之。既至圹，又以綍系于輴车，举而下窆
也。析言之，则在庙举柩之索谓之绋，在道引柩车之索谓之引。通言之，
则不别。刘释'绋'为发车使前，盖即以'引'为'绋'。其云'县下
圹日綍'，则正《礼》注之'綍'。'绋''綍'字同，'綍'亦即《丧大

记》注之'率'也。"（《释丧制》）

这里孙氏出示吴校，有作评说，肯定了毕本和吴校本改"将"为"捋"字正确。孙氏案语还对"绋""綍"的词义进行解释，"绋"为下葬时牵引灵柩入墓穴的绳索，亦名"引棺索"。孙氏案语还引文献证明了"綍"与"绋"字通，"引"与"绋"义同，"綍"与"縺"字同。

③"松楔，（吴校作"其矜曰松楔"）长三尺，（吴校"长"上增"刃"字。）其矜宜轻，（吴校删"其"字）以松作之也。楔，速楔也。（吴校下"楔"改"独"，删"也"字。）前刺之言也。"毕云："'速楔'之义未闻。"案："'速楔'，吴校本改作'速独'，与上文'鞻鞸'释同，是也。彼为'足直前之言'，与此'前刺之言'义可两通。"（《释兵》）

这里孙氏出示吴校，有作评说。孙氏指出吴校本改"速楔"作"速独"是正确的。

（二）出示毕注

凡16例，约占孙氏案语总数的41%。这类案语主要是出示毕沅《释名疏证》的注释，包括文字校勘和词义解释。孙氏对毕注绝大多数进行了评说，有肯定亦有纠正，只有少部分不加评说，而只是征引文献资料作旁证。其中：

1. 未作评说的6条，约占"出示毕注"总数的37.5%。例如：

①"踵，锺也。锺，聚也。体之所锺聚也。"毕云："一本作'上体之所锺聚也。'"案："《急就篇》颜注云：'踵者，锺也。上体任之力所锺聚也。'颜多用刘义，疑所见本有'上体'二字。"（《释形体》）

这里毕沅指出版本异文"一本作'上体之所锺聚也'",孙氏未直接评说毕注,而是引《急就篇》颜师古注,颜注亦有"上体"二字,他认为颜师古比较遵从刘熙《释名》的原文原义,故怀疑颜师古看到的版本可能有"上体"二字。

②"铚,获禾铁也。铚铚,断禾穗声也。"毕云:"今本'禾'作'黍',据《书·禹贡》正义、《诗·臣工》正义、《太平御览》引改。《说文》云:'铚,获禾短镰也。'"案:"《急就篇》颜注云:'铚,刈黍短镰。'似本此书,疑所见本亦作'黍'。"(《释用器》)

这里毕沅指出版本异文"今本'禾'作'黍',据《书·禹贡》正义、《诗·臣工》正义、《太平御览》引改"。孙氏没有直接评说毕沅改字是否正确,而是引《急就篇》颜师古注:"铚,刈黍短镰。"故怀疑颜师古看到的版本亦作"黍"。

2. 作评说的 10 条,约占"出示毕注"总数的 62.5%。例如:

①"步所用道曰蹊。蹊,俟也,(俟,旧本作'係',毕据《初学记》引改,下同。)言射疾则用之,(旧本无'言'字,毕据《初学记》引校增。)故还俟于正道也。"毕氏《疏证》云:"'射疾者,射俟也。''俟'与'疾'形相似。《大射仪》司马命量人量俟道与所设乏以貍步,即此所云步所用道也。"案:"毕说大缪。《周礼·秋官·野庐氏》'禁野之横行径逾者',郑注云:'径逾,射邪趋疾越渠隄也。'此云'射疾',即谓射邪趋疾。盖'蹊'非常行之涂,惟趋射急疾乃用之耳。云'步所用者',亦明陕陌不容牛马也。"(《释道》)

孙氏认为:"射疾"非"射俟"也,是"射邪趋疾"之义,并引《周礼》郑注证明。"蹊"为非常行之途,即"趋射急疾"用的狭窄小路，这里孙氏纠正了毕说。

②"棠，樘也。在车两旁，樘辖使不得进却也。"毕云："'棠'疑当为'牚'。"案："《急就篇》亦作'棠'，则汉人多如此作，不必改为'牚'也。"（《释车》）

毕沅认为："'棠'疑当为'牚'。"毕注虽未改字，但毕沅的观点是"棠"与"牚"不同。孙氏引《急就篇》作"棠"，且指出汉代"棠"与"牚"两字常通用。

③"轇輗犹秘啮也。在车轴上，正轮之秘啮前却也。"毕云："《考工记·车人》注'綆，轮箅'。'轇'讹，当作'箅'。'轴'盖'轮'字之误。"案："慧苑《华严经音义》引《声类》云：'俾倪，轼中环持盖杠者也。'《急就篇》'盖橑俾倪枙缚棠'，颜注云：'俾倪，持盖之杠在轼中央，环为之，所以止盖弓之前却也。'此'轇輗'即《急就篇》及《声类》之'俾倪'。此云'在车轴上'，'轴'当为'轼'。'正轮之秘啮前却'，'轮'当作'橑'，'橑'与'橑'同。《考工记》郑注云：'弓盖橑也。'《急就篇》'橑'亦作'橑'，故此讹为'轮'。毕氏不窬，乃谓'轇'即《考工记》注之'轮箅'，其误甚矣。"（《释车》）

孙氏认为，"轴"当为"轼"，"轮"当作"橑"，"橑"与"橑"同，并指出毕沅的错误。

④"关西曰釭。釭，铰也，言有交刃也。"毕云："此段文有讹，《说文》：'釭，车毂中铁也。'此书《释车》亦云：'釭，空也，其中空也。'不闻谓矢为釭。《初学记》引亦有此文，唯'曰'作'谓之'二字，'交刃'作'铰刃'。窃以为或是'关西曰铰。铰，交也，言有交刃也。'

（吴本依此校改）盖箭有三镰四镰者，有钩刃射人不能出者，此交刃之谓与。"案："矢镞不可为交刃，毕说究难通。《方言》说箭镞胡合赢者，有四镰三镰之制，郭璞训'镰'为'棱'，则虽有多棱，亦止一刃，不得云交刃也。窃谓此矢镞名釭，当即丰本而别为骹以冒櫜者，与古矢镞为薄匕不同。（详前《方言》）此云'釭，铰也'，'铰'当为'骹'之误。'交刃'，《初学记》作'铰刃'，亦当为'骹刃'，言刃之本为骹，别于薄匕之本为铤也。骹中空以纳櫜，犹车釭之舍轴，故谓之釭。与《释车》'釭空'之义正同。（李林甫《唐六典》注引《通俗文》云：'鸣箭曰骹。'彼'骹'为'嚆矢'之借字，与此异，详后《新序》。"）（《释兵》）

孙氏指出毕注的改字错误："毕说究难通"。

⑤ "女，如也。青徐州曰婞。婞，忤也。始生时人意不喜，忤忤然也。"毕云："'婞''忤'皆俗讹字。《说文》云：'午，悟也。悟，屰也。'当据以改正。"案："'婞'疑与《管子·海王》《国蓄》两篇'吾子''吾'字同。尹知章注云：'吾子，谓小男小女也。'盖'吾子'本为小男小女之通称，后世语变，遂专以称小女，犹孺子为小儿之通称。秦汉古书亦或以专称女子也。汉青徐于周为齐地，故与《管子》书合矣。毕欲改为'悟'，失之。"（《释长幼》）

孙氏指出：毕注欲改"婞"为"悟"是错误的。孙氏认为"婞"可能和"吾子""吾"字同。

（三）自为疏证

凡 13 条，约占案语总数的 33.3%。这部分是孙氏案语的精华，因为毕沅在《释名疏证》中对这些词条未作疏证，或者对某些词语未作解释，内容包括音韵、文字、词汇等方面。孙氏的案语引证文献，补充毕说，为读者更好地理解《释名》和《释名疏证》，解决语言文字障碍铺平了道路。例如：

①"露，虑也，覆虑物也。"案："《国语·晋语》云：'则是先子覆露子也。'韦昭云：'露，润也。'《春秋繁露·基义篇》云：'天为君覆露之。'《淮南子·时则训》云：'包裹覆露。'（高注与韦同）《汉书·晁错传》云：'覆露万民。'如淳云：'露，膏泽也。'又《严助传》云：'陛下垂德惠以覆露之。'颜注云：'露，谓使之润泽也。''覆虑''覆露'音相近。故互相训。（《释宫室》云：'庐，虑也，取自覆虑也。'）"（《释天》）

毕沅在此条下未有疏证，孙氏补充了毕沅疏证。孙氏案语征引文献证明"覆虑""覆露'"音近，可互训。孙氏认为刘熙"露，虑也"的声训没有问题。

②"土赤曰鼠肝，似鼠肝色也。"案："《管子·地员篇》云：'五弘之状如鼠肝。'即此。"（《释地》）

毕沅在此条下未有疏证，孙氏加以补充。孙氏案语征引文献，证明刘熙"土赤曰鼠肝，似鼠肝色也"的解释是没有问题的，指土的颜色与"鼠肝"相似。

③"土白曰漂。漂，轻飞散也。土黑曰垆，垆然解散也。"案："'漂'即《周礼·草人职》之'轻爂'，'垆'即《草人》之'埴垆'也。先郑注云：'轻爂，轻脆者。埴垆，黏疏者。'（《说文·水部》云：'漂，漂浮也。'《玉烛宝典》引《四民月令》云：'三月可菑沙白轻土之

田。') '罌''漂''垆''卢',字并通。"(《释地》)

毕沅在此条下未有疏证,孙氏补充了毕沅疏证。孙氏案语引《周礼》郑玄注,证明'罌''漂'和'垆''卢'字通。

④ "厕,或曰溷,言溷浊也。或曰轩,前有伏,似殿轩也。"案:"《后汉书·李膺传》:'羊元群罢北海郡,赃罪狼籍,郡舍溷轩有奇巧,载之以归。'李注云:'溷轩,厕屋也。'《论衡·幸偶篇》云:'均之土也,或基殿屋,或涂轩户。'皆称'溷'为'轩'之证。"(《释宫室》)

刘熙认为"厕""溷"和"轩"是同义词,而毕沅在"或曰轩,前有伏,似殿轩也"下未有疏证,孙氏引《后汉书》李巡注和《论衡》等文献,证明"溷"即"轩"。"溷"同"圂",即厕所、粪坑,"轩"则为厕所的别称。

⑤ "衣车,前户,所以载衣服之车也。"成氏《补证》云:"案:《后汉书·梁冀传》注引《仓颉篇》云:'軿,衣车也。'《左传·定九年》正义引《说文》云:'輼軿,衣车也。'据成国云'衣车前户',是他车皆后户。"案:"'衣车前户'者,对'辎车后户'也。('辎车后户',见《周礼·巾车》郑注)《说文·车部》云:'辎、軿车前,衣车后也。'汉时辎车、軿车、衣车三者制度盖略相类,故《苍颉篇》云:'軿,衣车也。'明其形大同,惟以前后衣蔽及开户微有区别。盖軿车四面有衣蔽,故此下文云:'軿,车軿屏也,四面屏蔽,妇人所乘牛车也。'衣车则后有衣蔽而前开户,可以启闭。軿车则前有衣蔽而后开户。故刘云'衣车前户',而许君又以'軿车前、衣车后'释辎车也。成说未核,详余所著《周礼正义》及《经迻》。"(《释车》)

毕沅在此条下未有疏证，孙氏加以补充。孙氏案语首先指出刘熙的"衣车前户"训释是对的，而成蓉镜对引文"軿，衣车也""辒軿，衣车也"未加核实。孙氏认为：汉代辒车、軿车和衣车三者形制基本相同，而"軿车"和"衣车"是同义词，只是"軿车"前面闭后面开，"衣车"后面闭前面开，如此而已。

以上是我们对孙氏案语的初略分类，有些不一定分得绝对准确，或者有疏漏之处，另作补充。

二、孙氏案语的价值

我们对孙诒让《札迻·释名》之 39 条案语进行了分析研究，认为孙氏案语的价值主要体现在以下几方面：

（一）文字校勘

孙氏此类案语指出了毕沅《释名疏证》、吴志忠校刊本《释名》等文献中的用字问题，指出其中包含的文字通假、讹误、衍脱等，对于比较《释名》各版本之优劣，恢复《释名》之原貌具有一定的参考价值。例如：

①"高祖，高，皋也，最在上，皋韬诸下也。"案："'皋'与'櫜'通。《毛诗·小雅·彤弓》传云：'櫜，韬也。'《周礼·地官·大司徒》郑注云：'莲芡之实有櫜韬。''皋韬'即'櫜韬'，盖覆冒包裹之言。"（《释亲属》）

孙氏指出："皋韬"即"櫜韬"是对的。《礼记·乐记》："倒载干戈，包之以虎皮，将帅之士使为诸侯，名之曰建櫜，然后天下知武王之不复用兵也。"这里的"建櫜"字或作"建皋"，说明"皋"与"櫜"字通。

②"短刀曰拍髀，带时拍髀旁也。又曰露拍，言露见也。"案："《御览》三百四十六有魏文帝张协《露陌刀铭》，'露拍'即'露陌'，音相近。"（《释兵》）

孙氏认为："露拍"即"露陌"。"拍"与"陌"均为入声字，音近字通。广东梅县客家话"拍"读 p'ok⁵，"陌"读 met⁵，均为入声字，此恰好为孙氏案语作旁证。

③"莂，别也。大书中央，中破别之也。"案："'莂'即《周礼·小宰》'傅别'字之变体，从艸无义。考《广韵·十七薛》有'箹'字，注一云'分契'，盖符契古多用竹，'莂'亦本从'竹'，变为'艹'。（隶书从'竹'字多从'艹'）吴玉搢《金石存》有晋太康间杨绍买冢地莂，与此字同。"（《释书契》）

莂，《玉篇·艸部》："莂，种概移莳也。"《集韵·薛韵》："莂，移莳也。""莂"的本义即将密播的秧苗移栽到水田里。"莂"的常用义是：古人把写在简帛上的契约从中剖开，双方各执一半，亦作凭证。"箹"的本义为"分竹"。《玉篇·竹部》："箹，分。"《广韵·薛韵》："箹，分箹，一云分契。"故孙氏指出："莂"即"箹"，古时符契多用竹，故从竹较为合适。但"别""莂""箹"字通。孙氏案语是也。

（二）意义解释

孙氏此类案语指出了《释名》的训释、毕沅《释名疏证》、吴志忠校刊本《释名》等文献中的词义解释、声义互训等问题，其中或疏解词义，或阐明因由，或补证理据，或纠正错注，形形色色，不一而足。其例如：

①"辒辌之形同，有邸曰辒，无邸曰辌。"毕云："《宋书·礼志》

引《字林》曰：'軿车有衣蔽无后辕，其有后辕者谓之辎。'"案："《说文·车部》：'軝，大车后也。''邸'即'軝'之借字。《考工记·辀人》亦云：'不援其邸，必缢其牛。''后邸'即所谓'后辕'，凡辎车后开户，故有后辕。軿车四面屏蔽，则无后辕，刘说与《字林》可互证也。（《释车》）

其实刘熙已经告诉我们"辎""軿"为同义词，只是有邸无邸的区别。《说文·车部》："軿，辎车也。"朱骏声《说文通训定声》："軿、辎皆衣车，前后皆蔽曰辎，前有蔽曰軿。"孙氏又指出，"邸"即"軝"之借字。段玉裁《说文解字注》在"軝"字下注："大车以载任器，牝负长八尺，谓较也，其后必崇其阑与三面等，非若小车之后也。故曰軝，軝之言底也。"《集韵·脂韵》："軝，车两尾。"孙氏的案语也进一步征引文献，对这两个同义词进行辨析，让读者对"辎""軿"有更清楚的理解。

②"缃，桑也。如桑叶初生之色也。"案："《周礼·内司服职》有'鞠衣'，郑注云：'鞠衣，黄桑服也。色如鞠尘，象桑叶始生者。'《急就篇》'郁金半见缃白䊶'，颜注云：'缃，浅黄也。'"（《释采帛》）

《说文新附·系部》："缃，帛浅黄色也。"这里孙氏的案语引文献资料，对刘熙的释语"如桑叶初生之色"作进一步的说明，使读者对"缃"的词义有更全面的理解。

（三）指出版本异文
孙氏案语中，还指出了刘熙《释名》的训释、毕沅《释名疏证》、吴志忠校刊本《释名》等文献中的异文，并有文献佐证，举例如下：

　　①"踵，锺也。锺，聚也。体之所锺聚也。"毕云："一本作'上体之所锺聚也。'"案："《急就篇》颜注云：'踵者，锺也。上体任之力所锺聚也。'颜多用刘义，疑所见本有'上体'二字。"（《释形体》）

　　这里孙氏怀疑颜师古和毕沅所见版本不同，应有"上体"两字。

　　②"铙，声铙铙也。"案："《通典·乐四》引作'声譊譊也'，是，当据正。"（《释乐器》）

　　铙，古军乐器名。《说文·金部》："铙，小钲也，军法：卒长执铙。"譊譊，一般指争辩声、喧噪声。孙氏引《通典》，指出版本异文，认为刘熙的释语"声铙铙也"应当改为"声譊譊也"。

　　此外，孙氏在案语中，有一些是发凡起例的。这类案语主要是揭示刘熙《释名》之若干训释条例，并对比毕注的疏证进行评价，对读者深一层理解《释名》原文颇有帮助，例如：

　　"裙，下裳也。裙，群也，联接群幅也。緝下，横缝緝其下也。"毕云："今本'緝下'云云提行别起，据《太平御览》引并入'裙下'。"案："毕校是也。《方言》云：'绕袊谓之群。'郭注云：俗人呼'接下'，江东通言'下裳'。'緝下'即'接下'，汉晋俗语同也。"（《释衣服》）

　　毕沅认为：今本《释名》"緝下"另起一行，与"裙"分开，毕氏根据《太平御览》接入上文。孙氏赞同毕沅的做法。

　　综上，孙诒让案语的价值主要体现在文字校勘、意义解释和指出版本异文等方面，这对初学《释名》和研究《释名》者颇有帮助，具有一定的指导作用和借鉴意义。

三、孙氏案语评说

孙氏案语评价毕说、吴说等，绝大部分是正确的，偶尔也存在值得商榷之处。例如：

"咽，咽物也。（吴校改作'以咽物也'。）或谓之䁱，（吴校改'或谓婴'。）在颐下缨理之中也。（旧本无'下'字，从毕、吴校增。）"毕云："《说文》：'缨，冠系也。'"案："'缨'与'婴'通，后《释长幼》云：'胸前曰婴'，此谓在颐下婴上文理之中，（《释车》又云：'喉下称婴'。）毕说未确。"（《释形体》）

孙氏指出毕沅的解释不明确，认为"䁱"与"婴"通，为"胸前"之义。䁱，同"咽"，有吞食、咽喉之义。其实孙氏未引完毕沅的疏证。王先谦在孙氏的案语后有一段话："喉下一义是也。《释首饰》云：'缨，颈也。'此借'婴'为'缨'，而训曰'颈'也。《释疾病》云：'瘿，婴也。在颈婴喉也。'以'婴喉'为'咽喉'，与此'咽'谓之'婴'义可互证，恐人不明其部位，故增'颐下'二字明之。若释为'胸前'，则去'颐下'太远矣。"这里王先谦已经非常明确"婴"即喉咙，并非"胸前"之义。

此外，我们再看看王先谦在"咽，咽物也"下的补正："此文疑当云：'咽，咽也。言咽物也。'脱去'咽也言'三字，则文意不完，与本书例亦不合。《说文》：'咽，嗌也。'《汉书·息夫躬传》注：'咽，喉咙。因食物由咽入，故吞物亦谓之咽。'《苏武》《匈奴》二传并云：'咽，吞也。'是其证矣。《史记·扁鹊仓公传》正义云：'咽，嚥也，言咽物也。'即用此文。后世以'咽'为喉咙专称，别造'嚥'字为'吞物'之名，古书所无。"此处，"咽"为"吞咽"之义。

毕沅在"或谓之腰"下疏证:《说文》无此字。王先谦补正:"吴校'腰'作'缨'。"接着毕沅在"在下缨理之中也"疏证:"《说文》:'缨,冠系也。'盖以一条组系于左笄上绕颐下,右相向上系于笄也。无笄者以二组为缨,两相属于所颊垂之系于颐下结之,颐下咽也。今本在'颐'脱下字,案文义增。"其实毕沅的疏证亦非常明确:"腰"与"缨""缨"同,为"颐下"之处,即喉咙。故孙氏的"毕说未确"值得商榷。

综上所述,孙氏案语的内容非常丰富,涉及面广,具有一定的校勘和训诂学价值。为我们阅读和研究《释名》提供了很好的指导作用,至于其存在的不足,白璧微瑕而已,无伤大雅。

附录:孙诒让《札迻·释名》之案语语料

1.《释天》:"露,虑也,覆虑物也。"案:"《国语·晋语》云:'则是先子覆露子也。'韦注云:'露,润也。'《春秋繁露·基义篇》云:'天为君而覆露之。'《淮南子·时则训》云:'包裹覆露。'(高注与韦同)《汉书·晁错传》云:'覆露万民。'如淳云:'露,膏泽也。'又《严助传》云:'陛下垂德惠以覆露之。'颜注云:'露,谓使之润泽也。''覆虑''覆露'音相近。故互相训。"(《释宫室》云:'庐,虑也,取自覆虑也。')

2.《释地》:"土赤曰鼠肝,似鼠肝色也。"案:"《管子·地员篇》云:'五弘之状如鼠肝。'即此。"

3.《释地》:"土白曰漂。漂,轻飞散也。土黑曰卢,卢然解散也。"案:"'漂'即《周礼·草人职》之'轻爂','卢'即《草人》之'埴垆'也。先郑注云:'轻爂,轻脆者。埴垆,黏疏者。'(《说文·水部》云:'漂,漂浮也。'《玉烛宝典》引《四民月令》云:'三月可蔷沙白轻土之田。')'爂''漂''垆''卢',字并通。"

4.《释山》:"山多小石曰磝。磝,尧也。每石尧尧独处而出见也。"案:"《说文》:'尧,高也。从垚在兀上。高远也。'《白虎通义·号》篇云:'尧犹峣峣也,至高之貌。'《墨子·修身》篇云:'王德不尧尧者','尧''峣'声义同。"

5.《释道》:"步所用道曰蹊。蹊,傒也,(傒,旧本作'傒',毕据《初学

记》引改，下同。）言射疾则用之，（旧本无‘言’字，毕据《初学记》引校增。）故还
倭于正道也。"毕氏《疏证》云："‘射疾者，射矦也。’‘矦’与‘疾’形相似。《大射仪》
司马命量人量矦道与所设乏以貍步，即此所云步所用道也。"案："毕说大缪。《周礼·秋官·野
庐氏》‘禁野之横行径逾者’，郑注云：‘径逾，射邪趋疾越渠堑也。’此云‘射疾’，即谓射邪
趋疾。盖‘蹊’非常行之涂，惟趋射急疾乃用之耳。云‘步所用者’，亦明陕陁不容牛马也。"

6. 《释形体》："牙，（吴校下增‘有’字）樜牙也。"案："《广韵·九麻》：云：
‘齟齖，齿不平也。’《说文·齿部》云：‘齟，齟齬，齿不相值也。’又《金部》云：‘铻，
鉏铻也。’《周礼·玉人》郑注作‘鉏牙’，《楚辞·九辨》又作‘鉏铻’，并声近字通。"

7. 《释形体》："咽，咽物也。（吴校改作‘以咽物也’。）或谓之臃，（吴校
改"或谓婴"。）在颐下缨理之中也。（旧本无‘下’字，从毕、吴校增）"毕云："《说
文》：‘缨，冠系也。’"案："‘缨’与‘婴’通，后《释长幼》云：‘胸前曰婴’，此谓在颐下
婴上文理之中，（《释车》又云：‘喉下称婴。’）毕说未确。"

8. 《释形体》："臀，殿也。高厚有殿迣也。"毕校据《释宫室》篇"殿有殿
罚也"云："当作"殿罚"。"案："《释言语》亦云：‘逆，迣也。迣不从其理则生殿铻不顺
也。’‘罚’‘迣’声义同，不必定改作‘罚’。"

9. 《释形体》："踵，锺也。锺，聚也。体之所锺聚也。"毕云："一本作
‘上体之所锺聚也。’"案："《急就篇》颜注云：‘踵者，锺也。上体任之力所锺聚也。’颜多用
刘义，疑所见本有‘上体’二字。"

10. 《释姿容》："抶，铁也。其处皮熏黑色如铁也。"（"熏"吴本作
"薰"。）案："‘熏黑’无义，‘熏’当为‘黳’。《墨子·兼爱上》篇云：‘朝有黳黑之色。’
‘黳’字亦见《玉篇》。后《释长幼》云：‘八十曰耋。耋，铁也。皮肤变黑色如铁也。’"

11. 《释姿容》："倚筵（吴校改作"徙"）倚伎也，（"伎"吴校改"技"）筵
作清筵也。（吴校上"筵"改"徙"，下删"作清"二字。）言人多技巧尚轻细如筵
也。"毕云："清读洁清之清，才性反。去其粗、留其精曰作清。"案："作清筵者，清谓清酒
也。（《释饮食》）云：‘酒言苍梧清。’）《说文·竹部》云：‘筵筜，竹器也。’《急就篇》颜注
云：‘筵所以筜去粗取细者也。’盖筵亦可以用漉浊酒之糟，取其清。《毛诗·小雅·伐木》传
云：‘以筐曰釃，以籔曰湑。’筵即筐之属，毕注失其义，吴校并删‘作清’，尤缪。"

12. 《释长幼》："女，如也。青徐州曰娪。娪，忤也。始生时人意不

喜，忏忏然也。"毕云："'姁''忏'皆俗讹字。《说文》云：'午，啎也。啎，屰也。'当据以改正。"案："'姁'疑与《管子·海王》《国蓄》两篇'吾子''吾'字同。尹知章注云：'吾子，谓小男小女也。'盖'吾子'本为小男小女之通称，后世语变，遂专以称小女，犹孺子为小儿之通称。秦汉古书亦或以专称女子也。汉青徐于周为齐地，故与《管子》书合矣。毕欲改为'啎'，失之。"

13.《释亲属》："高祖，高，皋也，最在上，皋韬诸下也。"案："'皋'与'橐'通。《毛诗·小雅·彤弓》传云：'橐，韬也。'《周礼·地官·大司徒》郑注云：'莲芡之实有橐韬。''皋韬'即'橐韬'，盖覆冒包裹之言。"

14.《释言语》："缓，浣也，断也，持之不急，则动摇浣断，自放纵也。"案："《庄子·天下》篇云：'椎拍輐断，与物宛转。'又云：'而不免于魭断'，郭注云：'魭断，无圭角也。'《史记·陆贾传》集解引孟康铘云：'刓，刓断无复康铘也。''浣断'与'輐断''魭断''刓断'并声近字通。"

15.《释饮食》："生瀹葱薤曰兑，言其柔滑，兑兑然也。"案："《一切经音义》引《通俗文》云：'淹韭曰虀，淹薤曰𦼬。''兑'疑即'𦼬'，音近字通。"

16.《释饮食》："腤，奥也。藏肉于奥内，稍出用之也。"案："《荀子·大略》篇云：'曾子食鱼有余，曰：泔之。门人曰：泔之伤人，不如奥之。'贾思勰《齐民要术》及段公路《北户录》引南朝食品并有'奥肉法'。"

17.《释采帛》："缃，桑也。如桑叶初生之色也。"案："《周礼·内司服职》有'鞠衣'，郑注云：'鞠衣，黄桑服也。色如鞠尘，象桑叶始生者。'《急就篇》'郁金半见缃白緰'，颜注云：'缃，浅黄也。'"

18.《释首饰》："毳冕，毳芮也，画藻文于衣，象水草之毳芮，温暖而洁也。"案："'芮'疑即'𩏹'之假字，《吕氏春秋·必己》篇云：'不衣芮温。'（高注云：芮，絮也。未塙。）"

19.《释衣服》："裙，下裳也。裙，群也，联接群幅也。缉下，横缝缉其下也。"毕云："今本'缉下'云云提行别起，据《太平御览》引并入'裙下'。"案："毕校是也。《方言》云：'绕袊谓之群。'郭注云：俗人呼'接下'，江东通言'下裳'。'缉下'即'接下'，汉晋俗语同也。"

20.《释衣服》："鞜鞜，鞜之缺前雍者，胡中所名也。鞜鞜犹速独，足直前之言也。"案："《说文》无'鞜''鞜'二字，皇象碑本《急就篇》作'索择'，较为近古。疑汉人本如此作也。《逸周书·大子晋》篇云：'师旷束躅其足。'孔注云：'束躅，踏也。'（'束'今本误'東'，据《北堂书钞·政术》《御览·人事部》校正）此'速独'当即'束躅'，足踏向前，故云'足直前之言。'"

21.《释宫室》："梠，旅也。连旅，旅也。或谓之樽。（旧并作'檑'，毕校改。）樽，縣也，縣连椽头使齐平也。上入曰爵头，形似爵头也。"毕云："《说文》云：'樽，屋樽联也。''縣连'犹'樽联'也。"案："《淮南子·本经训》云：'縣连房植'高注云：'縣联，联受雀头著楣者。'（今本'縣'误'縣'，从王念孙校正）。《方言》云：'屋梠谓之櫺。'郭注云：'雀梠，即屋檐也。亦呼为连縣。''连縣'即'縣连'之倒文，'雀梠'亦即'雀头'也（"爵""雀"字通）。"

22.《释宫室》："厕，或曰溷，言溷浊也。或曰轩，前有伏，似殿轩也。"案："《后汉书·李膺传》：'羊元群罢北海郡，赃罪狼籍，郡舍溷轩有奇巧，载之以归。'李注云：'溷轩，厕屋也。'《论衡·幸偶篇》云：'均之土也，或基殿屋，或涂轩户。'皆称'溷'为'轩'之证。"

23.《释书契》："莂，别也。大书中央，中破别之也。"案："'莂'即《周礼·小宰》'傅别'字之变体，从艸无义。考《广韵·十七薛》有'箹'字，注一云'分契'，盖符契古多用竹，'莂'亦本从'竹'，变为'艹'。（隶书从'竹'字多从'艹'）吴玉搢《金石存》有晋太康间杨绍买冢地莂，与此字同。"

24.《释用器》："铚，获禾铁也。铚铚，断禾穗声也。"毕云："今本'禾'作'黍'，据《书·禹贡》正义、《诗·臣工》正义、《太平御览》引改。《说文》云：'铚，获禾短镰也。'"案："《急就篇》颜注云：'铚，刈黍短镰。'似本此书，疑所见本亦作'黍'。"

25.《释乐器》："铙，声铙铙也。"案："《通典·乐四》引作'声譊譊也'，是，当据正。"

26.《释兵》："矢……关西曰釭。釭，铰也，言有交刃也。"毕云："此段文有讹，《说文》：'釭，车毂中铁也。'此书《释车》亦云：'釭，空也，其中空也。'不闻谓矢为釭。《初学记》引亦有此文，唯'曰'作'谓之'二字，'交刃'作'铰刃'。窃以为或是'关西曰铰。铰，交也，言有交刃也。'（吴本依此校改）盖箭有三镰四镰者，有钩刃射人不能出者，此交刃之谓与。"案："矢镞不可为交刃，毕说究难通。《方言》说箭镞胡合赢者，有四镰三镰之制，郭璞训'镰'为'棱'，则虽有多棱，亦止一刃，不得云交刃也。窃谓此矢镞名釭，当即丰本而别为骹以冒橐者，与古矢镞为薄匕不同。（详前《方言》）此云'釭，铰也'，'铰'当为'骹'之误。'交刃'，《初学记》作'铰刃'，亦当为'骹刃'，言刃之本为骹，别于薄匕之本为铤也。骹中空以纳橐，犹车釭之舍轴，故谓之釭。与《释车》'釭空'之义正同。（李林甫《唐六典》注引《通俗文》云：'鸣箭曰骹。'彼'骹'为'嚆矢'之借字，与此异，详后《新序》）。"

27.《释兵》："刀……短刀曰拍髀，带时拍髀旁也。又曰露拍，言露见也。"案："《御览》三百四十六有魏文帝张协《露陌刀铭》，'露拍'即'露陌'，音相近。"

28.《释兵》："松樿，（吴校作"其矜曰松樿"）长三尺，（吴校"长"上增"刃"字。）其矜宜轻，（吴校删"其"字）以松作之也。樿，速樿也。（吴校下"樿"改"独"，删"也"字。）前刺之言也。"毕云："'速樿'之义未闻。"案："'速樿'，吴校本改作'速独'，与上文'鞿辖'释同，是也。彼为'足直前之言'，与此'前刺之言'义可两通。"

29.《释兵》："盾……大而平者曰吴魁，本出于吴，为魁帅者所持也。"案："《楚辞·九歌·国殇》'操吴戈兮被犀甲'王注云：'或云操吾科，吾科，盾之名也。'"案："'魁''科'一声之转。"

30.《释兵》："鉤镶，两头曰鉤，中央曰镶，或推镶、或鉤引，用之之宜也。"案："推镶"，"镶"当作"攘"，《急就篇》注云："镶亦刀剑之类，其刃却偃而外利，所以推攘而害人也。"即本此。

31.《释车》："衣车，前户，所以载衣服之车也。"成氏《补证》云："案：《后汉书·梁冀传》注引《仓颉篇》云：'軿，衣车也。'《左传·定九年》正义引《说文》云：'辎軿，衣车也。'据成国云'衣车前户，是他车皆后户。"案："'衣车前户'者，对'辎车后户'也。（'辎车后户'，见《周礼·巾车》郑注）《说文·车部》云：'辎、軿车前，衣车后也。'汉时辎车、軿车、衣车三者制度盖略相类，故《苍颉篇》云：'軿，衣车也。'明其形大同，惟以前后衣蔽及开户微有区别。盖軿车四面有衣蔽，故此下文云：'軿，车軿屏也，四面屏蔽，妇人所乘牛车也。'衣车则后有衣蔽而前开户，可以启闭。軿车则前有衣蔽而后开户。故刘云'衣车前户'，而许君又以'軿车前、衣车后'释辎车也。成说未核，详余所著《周礼正义》及《经迻》。"

32.《释车》："辎軿之形同，有邸曰辎，无邸曰軿。"毕云："《宋书·礼志》引《字林》曰：'軿车有衣蔽无后辕，其有后辕者谓之辎。'"案："《说文·车部》：'辎，大车后也。'‘邸'即‘軧'之借字。《考工记·辀人》亦云:‘不援其邸,必緧其牛。'‘后邸'即所谓‘后辕',凡辐车后开户,故有后辕。轑车四面屏蔽,则无后辕,刘说与《字林》可互证也。"

33.《释车》:"齐人谓车枕以前曰缩,(‘枕',吴校据段玉裁校改‘桄'。今案:‘车枕'见《方言》,则段校非也。今仍从毕本。)缩言局缩也。兖冀曰育,御者坐中,执御育育然也。"案:"《西京杂记下》云:‘月之旦为朔,车之辀亦谓之朔。'此云‘车枕以前',即当辀之处。疑‘缩'即‘朔',音近通称。‘车育'他书亦未见,《玉篇·车部》有‘輇'字,云:‘义足切,车枕前也。'(《广韵·三烛》同)《集韵·三烛》云:‘车枕谓之輇。或作辕。'‘育'‘輇'音亦相近,疑即因兖冀语而增制‘輇'‘辕'二字矣。"

34.《释车》:"輨輗犹秘啮也。在车轴上,正轮之秘啮前却也。"毕云:"《考工记·车人》注‘绠,轮算'。‘輨'讹,当作‘算'。‘轴'盖‘轮'字之误。"案:"慧苑《华严经音义》引《声类》云:‘俾倪,轼中环持盖杠者也。'《急就篇》‘盖橑俾倪柣缚棠',颜注云:‘俾倪,持盖之杠在轼中央,环为之,所以止盖弓之前却也。'此‘輨輗'即《急就篇》及《声类》之‘俾倪'。此云‘在车轴上',‘轴'当为‘轼'。‘正轮之秘啮前却',‘轮'当作‘橑',‘橑'与‘橑'同。《考工记》郑注云:‘弓盖橑也。'《急就篇》‘橑'亦作‘橑',故此讹为‘轮'。毕氏不窹,乃谓‘輨'即《考工记》注之‘轮算',其误甚矣。"

35.《释车》:"棠,橕也。在车两旁,橕辖使不得进却也。"毕云:"‘棠'疑当为‘𣐈'。"案:"《急就篇》亦作‘棠',则汉人多如此作,不必改为‘𣐈'也。"

36.《释疾病》:"眸子明而不正曰通视,言通达目匡一方也。"(吴校"言"下增"视"字。)毕云:"亦曰‘通精'。"案:"《吕氏春秋·仲春纪》高注云:‘生子必有瘖聋通精狂痴之病。'《淮南子·时则训》注同。毕说盖本于彼。《后汉书·梁冀传》‘洞精矘眄',李注云:‘洞,通也。'‘通精'即‘洞精'也。"

37.《释疾病》:"心痛曰疝。疝,诜也,气诜诜然上而痛也。"案:"《本草经》‘磁石主周痹、风湿、肢节中痛不可持物,洗洗酸痟也。'‘诜诜'‘洗洗'声义相近,‘诜诜'又见下‘阴肿'条。"

38.《释丧制》:"从前引之曰绋。绋,发也,发车使前也。县下圹曰繂。繂,捋也,(‘捋'旧本误‘将',下同,今从毕、吴两校本改。)徐徐捋下之也。"案:"《玉篇·系部》云:‘绋,引棺索也。'‘綍'同。考《丧礼》有绋有引,《礼记·

杂记》："诸侯执绋五百人。大夫执引者三百人。"郑注云：'绋、引同耳。庙中曰绋，在途曰引，互言之。'又《丧大记》注云：'在棺曰绋，行道曰引，至圹将窆又曰绋。绋或为率。'《仪礼·既夕礼》注云：'引所以引柩车，在輤轴曰绋。'"案："以《三礼》经注考之，盖绋与引同为大麻索，凡柩殡于庙时则系于輤车，以备迁举。及将葬载柩于车时，亦以绋举而载之。既至圹，又以绋系于輤车，举而下窆也。析言之，则在庙举柩之索谓之绋，在道引柩车之索谓之引。通言之，则不别。刘释'绋'为发车使前，盖即以'引'为'绋'。其云'县下圹曰绋'，则正《礼》注之'绋'。'绋''綍'字同，'綍'亦即《丧大记》注之'率'也。"

39.《释丧制》："丧祭曰奠。奠，停也。言停久也，亦言朴奠，（'言'，吴校改'曰'。）合体用之也。"毕云："'合体用'语未详。"案："'合体用之'者，《士丧礼》'大敛奠'云：'陈三鼎于门外，北上，豚合升。'郑注云：'合升，合左右体升于鼎。'即刘所据也，毕殊失考。"

第六章　许克勤、胡玉缙《释名疏证补附》研究

清代王先谦的《释名疏证补》书末附有许克勤、胡玉缙的《释名疏证补附》一卷，共有50条词条，其中许克勤40条，胡玉缙10条，他们对《释名疏证补》各篇目部分词条进行了补充说明，内容包括文字校勘、版本异文等方面的校正和补充，对后世研究《释名》有一定的参考价值。

许克勤（约1847—?），卒年不详。字澡身，号勉甫，一作勉父。浙江海宁人，廪贡生。晚清藏书家、校勘学家。李文田主试江南时，许克勤曾出任书院讲席之职，他精于地理之学，凡经史文论，皆有论述，书院所得收入，多用于购藏古籍和致用之书，对有讹误之书皆亲手校雠，毕生藏书颇丰，主要有《读周易日记》《方言考》《论语古注集笺补正》《经义杂识》《方舆韵致》《十三经古注》等，藏书印有"许克勤印""勉父"等。

胡玉缙（1859—1940），吴县人，肄业于苏州正谊书院，与潘锡爵、许克勤、曹元忠、叶昌炽等友善。他曾入江阴南菁书院，在学期间，经义词章俱佳。他的才华和为人颇被时人赏识。1888年，江苏布政使黄彭年办学古堂，聘任胡玉缙为斋长任教，与章钰、王仁俊等同列，被视为吴中才人的"一时之选"。胡玉缙在学古堂任教期间，对经史多有考订，诸如《周易》《汉书》等。1891年，胡玉缙为江南乡试举人。1903年，胡玉缙应经济特科考试，为一等九人中之一。1904年，胡玉缙东游日本考察学政，著有《甲辰东游日记》。1906年，调任教育部主事。1908年，被聘为礼学馆纂修。1910年京师大学堂成立，胡玉缙被聘为教员，讲授《周礼》，编撰《周礼学》讲义。可见，胡玉缙在清朝末年，是学界有一定知名度的学者。①

---

① 参见李庆：《远去的星光——胡玉缙先生的生平、学术和遗稿》，《文汇学人》，2009年3月15日。

　　许克勤、胡玉缙的《释名疏证补附》一卷，对王先谦《释名疏证补》中的 50 条词条进行补正，主要有如下几方面的参考价值。

一、指出正字俗字

　　清代很多学者在做古籍校勘时，往往会指出正字和俗字，他们的依据都是《说文解字》，即《说文解字》收录的字即为正字，未收的字则是俗字。这类有 4 条，占总词条数的 8%。例如：

　　①"霚，冒也，气蒙乱覆冒物也。"许克勤曰："《玉烛宝典·十一》引作'霚，冒也，气蒙冒地物'。《说文系传》引作'霚，冒也'，云：'今俗作雾。'据此，则霚本作霚也。"（《释天》）

　　许克勤根据《说文系传》"今俗作雾"认为，"霚本作霚"，即"雾"为"霚"的俗字。其实，"雾"与"霚"是一对异体字，"霚"作为正字不通行了，俗字"雾"反而流行了，一直沿用至今。《说文·雨部》："霚，地气发天不应。从雨，敄声。"段玉裁注："霚，今之雾字。"《集韵·遇韵》："霚，或作雾。"此为证。

　　②"册，赜也，敕使整赜，不犯之也。"许克勤曰："《说文》：'嫧，齐也。'《广雅·释诂一》：'嫧，善也。'谓整齐修饬以至于善也。此以'赜'训'册'。'赜'之正字当作'嫧'。朱氏骏声云：'以嫧为训是也。《说文》有嘖无赜。赜俗字，册、嫧叠韵。'"（《释书契》）

　　许克勤认为，"赜"为"嫧"之俗字。"赜"，《小尔雅·广诂》："赜，深也。"《易·系辞》："圣人有以见天下之赜，而拟其形容，象其物宜。"孔颖达疏："赜，谓幽深难见。""嫧"，段玉裁《说文解字注》：

"媘，齐也，谓整齐也。"

③"赢车，羊车，各以所驾名之也。"许克勤曰："《周礼》：'巾车先。'郑注：'蒲蔽谓赢兰车，以蒲为蔽，天子丧服之车，汉仪亦然。'按：'赢'盖'蠃'字之误，'蠃'俗作'骡'。《宋书·礼志五》：'《晋令》曰：'乘传出使，遭丧以上，即自表闻，听得白服乘骡车，到副使摄事。'徐广《车服》注：'传闻骡车者，犊车装而马车辕也。'此可为'遭丧乘骡车'之证。"（《释车》）

许克勤认为，"蠃"俗作"骡"，是也。《说文·馬部》："蠃，驴父馬母。从馬，蠃声。"朱骏声《说文通训定声》："蠃，俗字作骡。"

二、指出版本异文

清代的注疏家在整理和研究《释名》时，往往注重版本之对校。许克勤、胡玉缙作为藏书家，他们对《释名》诸多的版本较为熟悉，并对文献引用《释名》的材料进行版本校勘，指出异文，亦有个人的独特见解。这类共有 10 条，占总词条数的 20% 。例如：

①"蟹胥，取蟹藏之，使骨肉解，胥胥然也。"许克勤曰："《说文系传》引作'言其肉胥胥解也'，与今本异。"（《释饮食》）

这里许克勤把《说文系传》引用《释名》的内容与今本对校，指出了今本"使骨肉解，胥胥然也"与《说文系传》引文"言其肉胥胥解也"有异。但许氏并未作出评价。

②"楠，确也。"许克勤曰："《说文系传·十一》引作'楠，确坚

而直也’，与今本异。"（《释宫室》）

许克勤指出，《说文系传》引《释名》"桷，确坚而直也"与今本"桷，确也"异。按照刘熙《释名》的训释体例，"某，某也，……也"是较为常见的训释方式。可见，此处应综合两个版本的内容，加以补充完善，则更为合理。许氏为后世提供了参考意见。

③"瘧，酷虐也。凡疾，或寒或热耳，而此疾先寒后热，两疾似酷虐者也。"许克勤曰："《说文系传·十四》云：'《礼》寒热不节，人多瘧疾。'引《释名》曰：'凡疾，或寒或热，此一疾有寒有热，酷虐也。'是。楚金所见'此'下有'一'字，'先后'二字皆作'有'，与今本异。"（《释疾病》）

许氏指出了《说文系传》引《释名》的"有寒有热"与今本的"先寒后热"有异，并指出今本"此"下无"一"字。

④"车，古者曰车。"毕曰："《书·牧誓》释文引无'曰车'二字。"胡玉缙曰："案：《诗·召南》释文引有'曰车'二字。"（《释车》）

胡玉缙指出，《诗经·召南》释文引《释名》此条有"曰车"二字，与毕沅的说法不同。

三、解释词义

清代的注疏家在整理和研究《释名》时，往往注重词义的解释。许克勤、胡玉缙作为清代著名的藏书家，他们对《释名》诸多的版本较为熟悉，并对文献引用《释名》的材料亦有梳理，对《释名》训释词的词义解释非常精确，且有个人的见解。这类共有 5 条，占总词条数的 10%。例如：

①"额，鄂也，有垠鄂也，故幽州人谓之鄂也。"胡玉缙曰："案《周礼·春官·典瑞》'璩圭璋璧琮'，注：'郑司农云：璩有圻鄂缘起。'《礼记·郊特牲》'丹漆雕几之美'，注：'几为漆饰圻鄂也。'又《少仪》'车不雕几'，注：'几附蘽为圻鄂也。'《淮南子·俶真训》'四达无境，通于无圻'，高注：'圻，垠字也。'《说文·土部》：'垠，地垠也。一曰岸也。圻，或从斤。'《汉书》杨雄《甘泉赋》'纷被丽其无鄂'注：'鄂，垠也。'《后汉书》张衡《思玄赋》'望寒门之绝垠兮'，注引《广雅》云：'垠，罟也。''罟'即'鄂'字。《明帝纪》十三年乙酉诏云：'莫测圻岸。'注：'圻，堮也。''堮'亦'鄂'字。然则'鄂'与'垠'义相叠，垠鄂者，边界之谓也。有垠鄂者，犹器物之有边线也。《文选·西京赋》'前后无有垠锷'，注引《淮南子》曰：'出于无垠鄂之门。'许慎曰：'垠锷，端崖也。'"（《释形体》）

胡玉缙引用了《说文》、《广雅》、《淮南子》高注、《文选》等字书和古籍材料，先说明"罟""鄂""堮"三字的关系，再解释了"垠鄂"之义，即"边界""边缘"的意思。

②"饵，而也，相黏而也。兖豫曰溏洌，就形名之也。"许克勤曰："黎刻《玉篇·食部》'餹'引作'兖豫谓饵曰餹饻也'。按：洟饻古通，言餹形如洟也。又'饻，徒奚反'。《埤苍》：'餹饻，饵也。'据此，则'溏洌'当作'溏洟'，即'餹饻'也。又按：《说文》'饵'为耳'鬻'之或体，小徐《系传》云：'饵，先屑米为粉，然后溲之。故许慎云：饵，粉饼也。饵之言珥也，欲其坚洁而净，若玉珥然也。'小徐据《说文》为说，故'餈''饵'二义皆与此异。"（《释饮食》）

许克勤先说明"溏浹""溏涕""餹餰"的关系，即"饵"之别称，俗称"粉饼"。其实"饵"相当于南方人今天吃的"河粉""粄皮""米粿"之类的食物，晶莹透明，又有粘性，与刘熙《释名》中的解释是吻合的。

四、文字校勘

清代的注疏家在整理和研究《释名》时，往往注重文字校勘。许克勤、胡玉缙作为清代的著名学者，文字校勘的功夫也比较深厚。他们均指出了《释名》中的脱文、倒文、异体字和通假字等。这部分的内容占了大多数，共有 31 条，占总词条数的 62%。例如：

① "埙，喧也，声浊，喧喧然也。"许克勤曰："《通鉴释文·五》引作'埙，喧也，声浊，喧然。'按：此盖传写误夺一'喧'字。"（《释乐器》）

许克勤列举《资治通鉴》释文引《释名》"埙"的训释文字，与刘熙原文对比，并指出此处有脱文，脱"喧"字。这对我们研读《释名》有借鉴作用。

② "橹，露也，露上无屋覆也。"许克勤曰："史炤《通鉴释文·七》'楼橹'云：'橹，即橹字，城上守御望楼。'《说文》《释名》曰：'橹，露也，上无覆屋。'按：此引盖脱'露'字，而'屋覆'本作'覆屋'，宋本与元应所见同。又十四卷引同，又十七卷引同。今本不脱'露'字，而仍作'覆屋'，今作'屋覆'，盖误倒。又按：《后汉·公孙瓒传》'楼橹千里'注云：'橹，即橹字，见《说文》。《释名》曰：橹，露也，上无覆屋。'据此，则'屋覆'误倒明矣。"（《释宫室》）

许克勤据《通鉴释文》等典籍的引文，指出此条训释语中的"屋覆"为"覆屋"之倒文。

③"肒，邱也，出皮上，聚高如地之有邱也。"许克勤曰："《辅行记·第一之二》引作'疣者，丘也，出于皮上，如地有丘'。"(《释疾病》)

许克勤此处虽然没有明确说明"肒""疣"的关系，但通过《辅行记》的引文，间接指出了"肒""疣"为异体字。

④"簂，恢也，恢廓覆发上也。鲁人曰頍。"毕曰："郑注《士冠礼》云：'滕薛名簂为頍。'"许克勤曰："刘台拱《经传小记》云：'《士冠礼》注簂，各本误作簂。《释文》亦误。《释名》云云，字从竹，亦从巾作帼。'滕薛在汉为鲁之南境，刘熙以'頍'为鲁语，与郑合。按：《后汉书·乌桓传》'中国有簂'注云：'簂，音吉悔反，字或为帼，妇人首饰也。'《续汉·舆服志》曰：'公卿列侯夫人绀缯帼。'此簂、帼相通之证。"(《释首饰》)

许克勤引用了大量典籍，指出"簂""帼"为通假字。

⑤"幄，屋也，以帛衣板施之，形如屋也。"胡玉缙曰："《说文·尸部》：'屋，居也。'引伸其义，知古人帷幄之字，亦通用屋，故刘熙即以'屋'释'幄'也，如《大雅》：'尚不愧于屋漏。'郑笺：'屋，小帐。'《丧大记》：'毕涂屋。'郑注：'屋，殡上覆如屋者。'《文选》范蔚宗《乐游应诏诗》：'黄屋非尧心。'李注引《汉书》：'纪信乃乘王车，黄屋左纛。'李斐曰：'天子车以黄缯为里。'《集韵》云：'幄，帱也，亦作屋。'说本薛氏《说文答问疏证·五》。"(《释床帐》)

胡玉缙虽然没有直接说明"幄""屋"为通假字，但通过《说文》、《大雅》郑笺、《文选》李善注、《集韵》等引文，间接阐明"幄""屋"是通假字。

综上所述，许克勤、胡玉缙的《疏证补附》一卷，内容丰富，引经据典，对刘熙《释名》的训释作了补充和说明，且有一定的个人见解。此外，还对毕沅《释名疏证》、王先谦《释名疏证补》部分词条的训释进行了补正和完善，充分体现了许氏和胡氏的训诂功力。

附录：胡玉缙、许克勤《释名疏证补附》语料

1.《释天》："氛，粉也，润气著草木，因寒冻凝，色白若粉之形也。"许克勤曰："《说文·气部》'雰'云：'氛，或从雨。'《系传》引刘熙《释名》曰：'润气著草木，遇寒而冻，色白曰雰。'按楚金所引，则古本'氛'字作'雰'也。"

2.《释天》："雾，冒也，气蒙乱覆冒物也。"许克勤曰："《玉烛宝典·十一》引作'雾，冒也，气蒙冒地物'。《说文系传》引作'霿，冒也'，云：'今俗作雾。'据此，则雾本作霿也。"

3.《释山》："山大而高曰嵩。嵩，竦也，亦高称也。"许克勤曰："《太平御览》引《白虎通》云：'嵩者，高也，言峻大也，处中以领四方。'《诗·大雅·崧高序》释文引字作'崧，竦也'。按：《五经文字》云：'崧作嵩，同。'《通鉴释文·廿一》引'山大而高曰嵩'。又按：汉碑多以'嵩'为'嵩'。《桐柏碑》：'宫庙嵩峻。'《三公山碑》：'厥体嵩厚。'《唐扶颂》：'嵩如不倾。'嵩，皆作'嵩'。此训'嵩'为'竦'者，杨雄《长杨赋》'整舆竦戎'，李注云：'竦与嵩古字通。'是也。《说文》'嵩'作'崇'，云：'嵬高也。'故云：'亦高称也。'"

4.《释丘》："水出其前曰沮丘。"毕曰："《尔雅》作'渚邱'。"许克勤曰："《说文》：'渚，水出丘前，谓之渚丘。'段注云：'沮丘'疑本作'柤丘'，古'楂''柤'字同。故'渚丘'亦为'楂丘'。"

5.《释州国》："郑，町也，其地多平，町町然也。"许克勤曰："《说文系

传》引下六字作'町然平也'，与今本异。"

6.《释州国》："鲁，鲁钝也，国多山水，民性朴鲁也。"许克勤曰："《说文系传·七》'鲁'下引刘熙《释名》曰：'鲁国多山水，民性朴钝。'据此，则末句'鲁'字本作'钝'。"

7.《释形体》："髦，冒也，覆冒头颈也。"许克勤曰："'颈'当作'额'，字之误也。《诗》毛传及《说文》并解为'发至眉'，则髦为覆冒头额甚明。"

8.《释形体》："额，鄂也，有垠鄂也，故幽州人谓之鄂也。"胡玉缙曰："案《周礼·春官·典瑞》'琢圭璋璧琮'，注：'郑司农云：琢有圻鄂缘起。'《礼记·郊特牲》'丹漆雕几之美'，注：'几为漆饰圻鄂也。'又《少仪》'车不雕几'，注：'几附转为圻鄂也。'《淮南子·俶真训》'四达无境，通于无圻'，高注：'圻，垠字也。'《说文·土部》：'垠，地垠也。一曰岸也。圻，或从斤。'《汉书》杨雄《甘泉赋》'纷被丽其无鄂'注：'鄂，垠也。'《后汉书》张衡《思玄赋》'望寒门之绝垠兮'，注引《广雅》云：'垠，咢也。''咢'即'鄂'字。《明帝纪》十三年乙酉诏云：'莫测圻岸。'注：'圻，堮也。''堮'亦'鄂'字。然则'鄂'与'垠'义相叠，垠鄂者，边界之谓也。有垠鄂者，犹器物之有边线也。《文选·西京赋》'前后无有垠锷'，注引《淮南子》曰：'出于无垠鄂之门。'许慎曰：'垠锷，端崖也。'"

9.《释姿容》："批，裨也，两相裨助，其击之也。"许克勤曰："《汉书·王莽传中》注引'两'下有'指'字，无'之'字。"

10.《释言语》："导，陶也，陶演己意也。"胡玉缙曰："《说文·寸部》：'导，导引也。''陶演'即'导引'，声之转耳。"

11.《释饮食》："饵，而也，相黏而也。兖豫曰溏浃，就形名之也。"许克勤曰："黎刻《玉篇·食部》'饂'引作'兖豫谓饵曰饂餬也'。按：涕餬古通，言饂形如涕也。又'餬，徒奚反'。《埤苍》：'饂餬，饵也。'据此，则'溏浃'当作'溏涕'，即'饂餬'也。又按：《说文》'饵'，为'鬻'之或体，小徐《系传》云：'饵，先屑米为粉，然后溲之，故许慎云：饵，粉饼也。饵之言珥也，欲其坚洁而净，若玉珥然也。'小徐据《说文》为说，故'餐''饵'二义皆与此异。"

12.《释饮食》："粥，浊于糜，粥粥然也。"胡玉缙曰："浊，《释言》郝疏引作'淖'，段注《说文》'糜'篆同。"

13.《释饮食》："生瀹葱薤曰兑，言其柔滑，兑兑然也。"许克勤曰："黎刻《玉篇·水部》'浼'引作'白溢苤燕曰浼'。按：'燕'字元改为'薤'，是也。'溢'

亦当依此作'瀹'。'白瀹葱薤曰涗'，即《礼记》'涗齐也'，郑解为'清'，非。《说文》：'涗，财温水也。'可悟'瀹'字之义。段注乃云：'依许说，则《内则》《祭统》涗字不可解。'不知叔重之解《礼记》当同《释名》，何必与郑相合耶？"

14.《释饮食》："煮麦曰麬。麬，亦齛也，煮熟则齛坏也。"许克勤曰："《说文系传·十一·麦部》'麬'下引刘熙《释名》曰：'煮麦曰麬，麬之言齛也，煮熟齛坏。'按：末句节引，而'亦'字当依所引改为'之言'二字。"

15.《释饮食》："蟹胥，取蟹藏之，使骨肉解，胥胥然也。"许克勤曰："《说文系传》引作'言其肉胥胥解也'，与今本异。"

16.《释采帛》："疏者，言其经纬疏也。"许克勤曰："《晋书·元帝纪》'太极殿夏施青练帷帐'，《音义》：'青练，所居反。'即此所谓'疏'也。'练'一作'练'，非。"

17.《释采帛》："纺粗丝织之曰疏。疏，寥也，寥寥然也。"许克勤曰："'疏'字亦作'练'。黎刻《玉篇·系部》'练，所间反'，引作'纺麁丝织曰练。练，料也，料料然疏也。'""又谓之沙，亦取戚戚如沙也。"毕曰："今本'沙'下有'縠'字，衍。"许克勤曰："黎刻《玉篇》'縠，胡木反'，《说文》'细练也'，《释名》亦谓之'纱縠'。按：'练'今本《说文》作'缚'。今本《玉篇》云：'细缠也，纱縠也。'是顾野王所见本有'縠'字也。"

18.《释首饰》："簂，恢也，恢廓覆发上也。鲁人曰頍。"毕曰："郑注《士冠礼》云：'滕薛名簂为頍。'"许克勤曰："刘台拱《经传小记》云：'《士冠礼》注簂，各本误作蔮。《释文》亦误。《释名》云云，字从竹，亦从巾作幗。'滕薛在汉为鲁之南境，刘熙以'頍'为鲁语，与郑合。按：《后汉书·乌桓传》'中国有簂'注云：'簂，音吉悔反，字或为幗，妇人首饰也。'《续汉·舆服志》曰：'公卿列侯夫人绀缯幗。'此簂、幗相通之证。"

19.《释衣服》："阙翟。"许克勤曰："黎刻《玉篇》：'绢，去厥反。'《埤苍》'绢，狄衣也。'野王案：'王后文服也，今礼家并为阙字。'按：屈乃'绢'之省，阙则声近假借字也。"

20.《释宫室》："桷，确也。"许克勤曰："《说文系传·十一》引作'桷，确坚而直也'，与今本异。"

21.《释宫室》："楣，眉也，近前各两，若面之有眉也。"许克勤曰："《通鉴释文·十八》引作'楣，近前各两，若面之有眉'，然则古本自有'各两'二字矣。"

22.《释宫室》："屏，自障屏也。"许克勤曰："《淮南·主术训》'天子外屏，所以自障'，高诱注云：'屏，树垣也。'《尔雅》曰：'门内之垣谓之树。'诸侯在内，天子在外，故曰所以自障也。《白虎通》云：'所以设屏何？屏，所以自障也，示不极臣下之敬也，天子德大，故外屏，诸侯德小，所照见近，故内屏。'按：外屏即浮思，内屏即萧墙也。又按：《说文》'屏，蔽也'，是'障屏'即'障蔽'也。"

23.《释宫室》："楼，言牖户诸射孔娄娄然也。"胡玉缙曰："按：娄，空也。射孔娄娄，即《说文·广部》'廔'云'屋丽廔也'。《玉篇·广部》'廔'云：'丽廔绮窗。'然则楼之言娄，又言廔也。门户洞达，窗牖交通，足资登眺，故《月令》云：'可以居高明。'郑注：'高明，谓楼观也。'又《说文·囧部》'囧'云：'窗牖丽廔闓明也'。"

24.《释宫室》："橹，露也，露上无屋覆也。"许克勤曰："史炤《通鉴释文·七》'楼橹'云：'橹，即橹字，城上守御望楼。'《说文》《释名》曰：'橹，露也，上无覆屋。'按：此引盖脱'露'字，而'屋覆'本作'覆屋'，宋本与元应所见同。又十四卷引同，又十七卷引同。今本不脱'露'字，而仍作'覆屋'，今作'屋覆'，盖误倒。又按：《后汉·公孙瓒传》'楼橹千里'注云：'橹，即橹字，见《说文》。《释名》曰：橹，露也，上无覆屋。'据此，则'屋覆'误倒明矣。"

25.《释宫室》："大屋曰庑。庑，怃也。怃，覆也，并冀人谓之庌。"许克勤曰："黎刻《玉篇》引'大屋曰庑，幽冀人谓之庌'。据此，则'并'字古本作'幽'，与元应所见本合。"

26.《释宫室》："囤，屯也，屯聚之也。"毕曰："《说文》云：'笔，篅也。'"许克勤曰："黎刻《玉篇》引作'庉，屯也。屯，聚也'。据此，则'囤'本作'庉'，又云'庉，徒本反'，引《广雅》'庉，舍也'。"

27.《释床帐》："幄，屋也，以帛衣板施之，形如屋也。"胡玉缙曰："《说文·尸部》：'屋，居也。'引伸其义，知古人帷幄之字，亦通用屋，故刘熙即以'屋'释'幄'也，如《大雅》：'尚不愧于屋漏。'郑笺：'屋，小帐。'《丧大记》：'毕涂屋。'郑注：'屋，殡上覆如屋者。'《文选》范蔚宗《乐游应诏诗》：'黄屋非尧心。'李注引《汉书》：'纪信乃乘王车，黄屋左纛。'李斐曰：'天子车以黄缯为里。'《集韵》云：'幄，帱也，亦作屋。'说本薛氏《说文答问疏证·五》。"

28.《释书契》："笔，述也，述事而书之也。"胡玉缙曰："《初学记·廿一》引'述事'上有'谓'字。"

29.《释书契》："册，赜也，敕使整赜，不犯之也。"许克勤曰："《说文》：'嫧，齐也。'《广雅·释诂一》：'嫧，善也。'谓整齐修饬以至于善也。此以'赜'训

'册'。'赜'之正字当作'嫧'。朱氏骏声云：'以嫧为训是也。《说文》有啧无赜。赜俗字，册、嫧叠韵。'"

30.《释典艺》："《尚书》。尚，上也，以尧为上，始而书其时事也。"胡玉缙曰："《墨子·明鬼篇》：'《尚书》，《夏书》，其次商周之书。'举夏商周而不举虞书，'尚书'即指《尧典》也。《史记·五帝本纪》云：'学者多称五帝，尚矣。然《尚书》独载尧以来。'是以尧为上始也。"

31.《释典艺》："碑，被也，此本葬时所设也，施鹿卢，以绳被其上，引以下棺也。臣子追述君父之功美，以书其上。后人因焉，无故建于道陌之头、显见之处，名其文，就谓之碑也。"许克勤曰："黎刻《玉篇》引作'石碑，本葬时所设，以下棺。臣子追述君父之功美，以书其上。后人因无故建之道陌之头，铭吉文，就谓之碑也。野王案《三辅旧事》：汉惠帝为四皓作碑，在其隐处，是'。按：'莽'当作'葬'，顾氏引汉惠帝事以证明'无故'之谊，则'无故'谓非葬事也。江叔澐以为物故者，非。"

32.《释乐器》："枇杷，本出于胡中，马上所鼓也。推手前曰枇，引手却曰杷，象其鼓时，因以为名也。"许克勤曰："《通鉴释文·廿九》'琵琶'云：'上频脂切，下蒲巴切。'《释名》：'琵琶，乐名。胡中马上所鼓。推手前曰琵，却手后曰琶，因以为名。'据此'枇杷'本作'琵琶'。"

33.《释乐器》："埙，喧也，声浊喧喧然也。"许克勤曰："《通鉴释文·五》引作'埙，喧也，声浊，喧然'。按：此盖传写误夺一'喧'字。"

34.《释兵》："熊虎为旗。旗，期也，言与众期于下，军将所建，象其猛如熊虎也。"胡玉缙曰："元应一引'熊虎为旗者，军将所建也，象其猛如虎，与众期其下也。'"

35.《释车》："车，古者曰车。"毕曰："《书·牧誓》释文引无'曰车'二字。"胡玉缙曰："案：《诗·召南》释文引有'曰车'二字。"

36.《释车》："天子所乘曰路，路亦车也，谓之路者，言行于道路也。"毕曰："今本作'天子所乘曰玉辂，以玉饰车也'，在'辂亦车也'之上。"许克勤曰："《续汉·舆服志》注引'天子'至'路也'，'车'字讹为'军事'二字，无'者''于道'三字。按：史炤《通鉴释文·廿九》引'天子乘'二句与注今本同，而无'所''曰'二字。又引'谓之'二句，惟上'路者'作'辂'。据此，则南宋时史氏所见已与今本同，但所引有删节耳。"

37.《释车》："胡奴车，东胡以罪没入官为奴者引之，殷所制也。"
毕曰："郑君注《周礼·乡师职》引《司马法》曰：'夏后氏谓辇车曰余车，殷曰胡奴车，周曰辎辇。'"许克勤曰："《宋书·礼志·五》：'傅玄子曰：夏曰余车，殷曰胡奴，周曰辎车。'辎车即辇也。'又按：'《太平御览·七百七十三》引司马法：夏曰予车，殷曰胡奴车，周曰辎车，三代之辇。'"

38.《释车》："赢车，羊车，各以所驾名之也。"许克勤曰："《周礼》：'巾车先。'郑注：'蒲蔽谓赢兰车，以蒲为蔽，天子丧服之车，汉仪亦然。'按：'赢'盖'蠃'字之误，'蠃'俗作'骡'。《宋书·礼志五》：'《晋令》曰：'乘传出使，遭丧以上，即自表闻，听得白服乘骡车，到副使摄事。'徐广《车服》注：'传闻骡车者，犊车装而马车辕也。'此可为'遭丧乘骡车'之证。"

39.《释车》："辎车，载辎重卧息其中之车也。辎，厕也，所载衣物杂厕其中也。軿车，軿，屏也，四面屏蔽，妇人所乘牛车也。"许克勤曰："《通鉴释文·九》引'辎，厕也，谓军粮什物杂厕载之，以其累重，故称辎重'。《史记·韩长孺传》正义引'辎，厕也，所载衣物杂厕其中'，《续汉书》注引'辎，屏也，四屏蔽，妇人乘牛车也'，脱'面''所'二字。"

40.《释车》："辎軿之形同，有邸曰辎，无邸曰軿。"毕曰："《宋书·礼志》引《字林》曰：'軿车，有衣蔽无后辕，其有后辕者谓之辎。'"许克勤曰："《续汉书》注引'有邸'二句同。又引《字林》脱'其有后辕'四字，未有'也'字。"

41.《释车》："文鞇，车中所坐者也，用虎皮为之，有文采。鞇，因也，因与下舆相联著也。"许克勤曰："《诗·小戎》疏引刘熙《释名》无'者为之'三字。《说文系传·艸部》'茵'引刘熙《释名》'茵，因也，因与下相连也'。按：此增三字，与小徐所引合。'连'今作'联'，二字同音通用。"

42.《释车》："輨軏，犹秘啮也，在车轴上，正轮之秘啮前却也。"许克勤曰："《晋书·五行志·下》：安帝元兴三年正月，'桓玄出游大航南，飘风飞其輨軏盖'，《音义》：'輨軏，上匹计反，下五计反。'是輨軏上有盖，当在轴上，而不在轮上明矣。"

43.《释车》："屐，似人屐也，又曰伏兔，在轴上似之也。又曰鞣，鞣，伏也，伏于轴上也。"许克勤曰："《易释文》引《释名》云：'輹，似人屐。'又曰：'伏菟在轴上似之。'又曰：'輹，伏于轴上。'吕氏《古易音训》同。然则首'屐'字，唐初本亦作'輹'也。"

44. 《释车》："鞻，经也，横经其腹下也。"胡玉缙曰："'鞻'是正字，
'鞻'则隶写之省耳。徐锴《系传·革部》引《释名》'鞻'作'鞻'，'经也，经其腹下也'，
盖脱一'横'字。"

45. 《释车》："鞘，县也，所以县缚轭也。"毕曰："今本革旁作尹，《玉篇》
有之。"许克勤曰："《系传》引《释名》曰：'鞘，县。音玄也，从以县缚轭也。'作'鞘'
字，非也。'音玄'二字，盖注中注也。祁氏《校勘记》云：《释名》作'鞘'，故错辨之，
'从以'当作'所以'。是也。"

46. 《释疾病》："聋，笼也，如在蒙笼之内，听不察也。"胡玉缙曰：
"案：《广韵》所引是，此以在蒙笼内不可察为况，今本或浅人疑其于'聋'义不黏改，而不知
其实非也。钮氏《新附考·三》亦谓'今本作'听不察'，盖后人改。'蒙笼'或作'朦胧'，
非'。"

47. 《释疾病》："龋，齿朽也，虫啮之齿缺朽也。"许克勤曰："案：《史
记·仓公传》正义引《释名》云云，无二'齿'字。又云'龋，邱羽反。'窃谓张引误脱上
'齿'字，元应误衍下'齿'字。"

48. 《释疾病》："瘧，酷虐也。凡疾，或寒或热耳，而此疾先寒后
热，两疾似酷虐者也。"许克勤曰："《说文系传·十四》云：'《礼》寒热不节，人多瘧
疾。'引《释名》曰：'凡疾，或寒或热，此一疾有寒有热，酷虐也。'是。楚金所见'此'下
有'一'字，'先后'二字皆作'有'，与今本异。"

49. 《释疾病》："肬，邱也，出皮上，聚高如地之有邱也。"许克勤曰：
"《辅行记·第一之二》引作'疣者，丘也，出于皮上，如地有丘'。"

50. 《释丧制》："人始气绝曰死。"许克勤曰："《辅行记·第一之四》引作
'神尽曰死'。"

结　语

　　本书对清代毕沅、王先谦、苏舆、王先慎、孙诒让、许克勤和胡玉缙七位注疏家、校勘学家研究《释名》的成果进行了整理、归纳、分析和研究，他们均在注释体例、文字校勘、词义阐释、文献引证、考证名物制度等问题上对《释名》做了深入细致的分析和研究，有改正，有补充，有疑问，有辩难，有评判，有见解。材料丰富，引经据典，论证清晰，均有一定的个人见解。其中，毕沅《释名疏证》提到今本"俗字"有115处，王先谦《释名疏证补》中王先谦按语有254条，王先谦《释名疏证补》引苏舆研究有349条，王先谦《释名疏证补》"王先慎（先慎）曰"有70条，孙诒让《札迻·释名》之案语有39条，许克勤、胡玉缙《释名补附》有50条。这些注疏材料，我们主要从两大方面去归纳、分析和研究：

　　一类是"注（曰）"语，对这部分语料，我们又分为六部分去分析和研究：指出正字俗字，指出版本异文，文字校勘，疏解词义，疏证条例，评判他说。例如：毕沅《释名疏证》中的"今本俗字"研究（见第一章），王先谦《释名疏证补》按语研究（见第二章），王先谦《释名疏证补》引苏舆研究（见第三章），王先谦《释名疏证补》"王先慎曰"研究（见第四章）。

　　一类是"案"语，对这部分语料，我们又分为三部分去分析和研究："案"语的分类，"案"语的价值，"案"语指瑕（评说）。例如：孙诒让《札迻·释名》之案语研究（见第五章）。

后世读者透过以上学者疏证《释名》的材料，以及他们整理和研究《释名》的丰硕成果，对全面了解汉代刘熙《释名》的版本原貌，乃至《释名》的语言学、文献学、训诂学、词源学和民俗学价值等均有很大的参考作用。

参考文献

1. 刘熙：《释名》，四部丛刊本。

2. 毕沅：《释名疏证》，丛书集成初编本，中华书局，1985 年。

3. 顾野王：《玉篇》，四部丛刊本。

4. 王先谦：《释名疏证补》，上海古籍出版社，1984 年。

5. 《四库全书总目》，中华书局，1965 年。

6. 孙诒让撰，雪克、陈野校点：《札迻》，齐鲁书社，1989 年。

7. 洪成玉：《古今字》，语文出版社，1995 年。

8. 王力：《同源字典》，商务印书馆，1982 年。

9. 于安澜：《古书文字易解》，河南大学出版社，1991 年。

10. 张涌泉：《汉语俗字研究》，岳麓书社，1995 年。

11. 陈复华、何九盈：《古韵通晓》，中国社会科学出版社，1987 年。

12. 唐作藩：《上古音手册》，江苏人民出版社，1982 年。

13. 徐芳敏：《〈释名〉研究》，大化书局，1979 年。

14. 方俊吉：《音训与刘熙〈释名〉》，学海出版社，1988 年。

15. 任继昉：《释名汇校》，齐鲁书社，2006 年。

16. 王闰吉：《释名研究与整理》，群言出版社，2005 年。

17. 陈建初：《〈释名〉考论》，湖南师范大学出版社，2007 年。

18. 王国珍：《〈释名〉语源疏证》，上海辞书出版社，2009 年。

19. 魏宇文：《刘熙〈释名〉语源与文化探析》，中国社会科学出版社，2016 年。

20. 祝敏彻：《〈释名疏证补点校〉序言》，《湖北大学学报（哲学社会科学版)》1989 年第 16 卷第 1 期。

21. 卢烈红：《〈释名〉声训的文化内涵》，《中州学刊》1991 年第 5 期。

22. 马景仑：《〈释名〉易字之训的语音分析》，《古汉语研究》1991 年第 4 期。

23. 卢烈红：《〈释名〉语言学价值新论》，《武汉大学学报（社会科学版)》1991 年第 2 期。

24. 吴荣政：《王先谦的治学风貌》，《史学史研究》1994 年第 3 期。

25. 胡志泽：《王先谦整理古代文献的杰出成就》，《娄底师专学报》1996 年第 1 期。

26. 吉仕梅：《〈说文解字〉俗字笺议》，《语言研究》1996 年第 2 期。

27. 李传书：《清人对〈释名〉的整理与研究》，《长沙电力学院学报（社会科学版)》1998 年第 2 期。

28. 曾昭聪：《〈释名〉声训中的声符示源功能研究》，《古籍整理研究学刊》1999 年第 4 期。

29. 华学诚：《论〈释名〉的方言研究》，《扬州大学学报（人文社会科学版)》2003 年第 7 卷第 2 期。

30. 魏宇文、王彦坤：《〈释名疏证补〉的"先谦曰"探微》，《学术研究》2005 年第 3 期。

31. 魏宇文、王彦坤：《毕沅〈释名疏证〉引〈广韵〉异文试评》，《甘肃社会科学》2005 年第 1 期。

32. 魏宇文、王彦坤：《〈释名〉"或曰"疏证》，《湘潭大学学报（哲学社会科学版)》2006 年第 1 期。

33. 魏宇文：《从〈释名·释饮食〉看汉代饮食文化》，《湖南社会科学》2006 年第 3 期。

34. 魏宇文：《谈毕沅〈释名疏证〉中的"今本俗字"》，《中国语文》2007 年第 1 期。

35. 贺知章：《王先谦与毕沅〈释名〉研究比较》，《延安大学学报（社会科学版）》2008 年第 5 期。

36. 姜广辉、李有梁：《苏舆：晚清平实说理的公羊学家——以〈春秋繁露义证〉的诠释风格为例》，《湖南大学学报（社会科学版）》2010 年第 3 期。

37. 刘雪平：《苏舆致杨树达信札两通》，《图书馆》2010 年第 5 期。

38. 郭敏、甘勇：《〈释名疏证补〉所收"叶德炯曰"的词源研究》，《湖北工业大学学报》2010 年第 3 期。

39. 马兰：《从〈释名·释床帐〉解读汉代家居文化》，《华章》2011 年第 14 期。

40. 胡雪颖：《〈释名〉所见古代丧葬文化探微》，《重庆科技学院学报（社会科学版）》2013 年第 11 期。

41. 贺知章：《〈释名疏证补〉对〈释名〉相关理论问题的探讨》，《延安大学学报（社会科学版）》2014 年第 4 期。

42. 马坤、王苗：《王先谦〈释名疏证补〉中的声训研究》，《学习月刊》2014 年第 11 期（下半月）。

43. 魏宇文：《论〈释名〉民俗声训的文化意蕴》，《嘉应学院学报》2015 年第 6 期。

44. 李有梁：《〈春秋繁露义证〉的撰作缘由、思想内容与经学意义》，《原道》2017 年第 1 期。

45. 尚秀娟：《试论〈释名〉的文献价值》，《汉字文化》2019 年第 1 期。

46. 魏宇文：《〈释名疏证补〉"苏舆曰"探析》，《嘉应学院学报》2019 年第 37 卷第 4 期。

47. 刘江涛、任继昉：《〈释名〉的思想内容》，《语文学刊》2020 年第 40 卷第 2 期。

48. 刘青松:《〈释名〉对假借字的利用》,《沧州师范学院学报》2020 年第 36 卷第 3 期。

49. 闫平凡、张晓琳:《段玉裁校释〈释名〉底本考》,《史志学刊》2020 年第 1 期。

后　记

20世纪90年代中期，我有幸到北京师范大学中文系做高级访问学者，同时以同等学力申请硕士学位的身份，跟随王宁先生学习文字训诂，王先生给我的研究任务就是东汉刘熙的《释名》。学习期间，王宁先生手把手教我如何找寻《释名》的不同版本，如何辨别前人和时贤对《释名》声训的评价，如何突破研究的重点和难点，如何解决刘熙不合理声训的问题等，她递给我一把打开《释名》研究的金钥匙。此后，我一点一点地打开了这扇门，一步一步地找寻着那条古老而神秘，却又能沟通古今的崎岖小路。我沿着这条小路一直往前走，一路既有艰难，也有风景；既有惊喜，也有收获。我无怨无悔，不知不觉与《释名》结缘已有二十多年了。

2003年9月，我考上了暨南大学的博士研究生，师从王彦坤先生继续学习训诂学，博士论文题目一入学就确定了，题为"《释名》名源研究"。期间，我得到了王彦坤先生的悉心指导，他认真帮我修改每一篇课程论文，又鼓励我拿去公开发表。于是，我在暨南大学读书的三年半里，分别在国家级、省级以上的核心学术刊物公开发表了《释名》研究的系列论文五篇。王彦坤先生扎实的文献学功底，严谨的治学态度，孜孜不倦的钻研精神，还有低调谦和的为人，无私奉献的品格，一直是我学习的楷模。

在暨南大学攻读博士学位期间，我有幸认识了曾昭聪教授，也经常向他请教学习上的问题，能一直得到曾老师的热情帮助和支持，我至今心存感激。曾老师年轻有为，功底深厚，他大胆创新，勇于开拓研究领域，用独特的视角去研究汉语词源学，成果丰硕。2017 年，曾昭聪教授申报了国家社科基金重大项目"汉语词源学理论建设与应用研究"，考虑到《释名》是中国语言学史上第一部系统的词源学著作，必须纳入此课题，故曾老师邀请我加入了课题组，让我有机会参与如此重大项目的子课题的研究工作。当项目顺利获批之后，曾昭聪老师马上召集来自全国各地的课题组全体成员，在暨南大学文学院举行了重大项目开题报告会，明确了各自的分工，最后商定由我负责清代词源学史中有关《释名》研究的材料的整理与研究工作。经过两年多的艰苦努力和认真工作，《清代〈释名〉注疏研究》终于顺利完稿。书稿完成后，曾昭聪教授不厌其烦地帮助修改，并提出了许多宝贵的意见和建议，使书稿趋于完善。在此，特别感谢曾昭聪教授的无私付出！

本书能顺利出版，我要衷心感谢王宁教授、王彦坤教授和曾昭聪教授，他们在我人生求学的不同阶段，给予了我无微不至的关怀和帮助，鼓励我在科学研究的道路上一直前行，并为我排忧解难、遮风挡雨。他们既是我学术上的恩师，又是我人生道路上的良师益友。我要感谢嘉应学院文学院的陈红旗院长、客家研究院的肖文评院长，他们为了本书能顺利出版，想方设法帮助我解决各种实际问题，给我雪中送炭。我还要感谢暨南大学出版社的杜小陆主任，他尊重作者，崇尚学术，尤其是他那雷厉风行、认真负责的工作态度和作风，令我特别暖心和感动。

最后，我特别要感谢我的家人，几十年来，他们对我的教学和研究工作，给予了充分的理解、无条件的支持和无私的付出。我谨借本书出版的机会，感谢所有关心和帮助过我的恩师、亲朋好友、领导和同事。

魏宇文

2020 年 3 月 8 日于嘉应学院